Walk the Talk: Wege zur achtsamen Organisation

Abschlussbericht zur Begleitforschung des Projektes „Achtsamkeit im Unternehmensalltag"

Thomas Prescher

Bibliografische Information der Deutschen Nationalbibliothek: Die
Deutsche Nationalbibliothek verzeichnet diese Publikation in der
Deutschen Nationalbibliografie; detaillierte bibliografische Daten sind im
Internet über dnb.dnb.de abrufbar.

Herstellung und Verlag: BoD – Books on Demand, Norderstedt

ISBN 9783746014043

Inhalt

II

1 Einleitung: Forschungsanliegen, Fragestellung und Zusammenfassung der Ergebnisse

Die Kalapa Leadership Acadamy (www.kalapaacademy.de) bietet ein zwölfwöchiges Achtsamkeitstraining mit acht Modulen zum Thema *„Achtsamkeit im Unternehmensalltag"* an. Bisherige Forschungsprojekte zur Wirkung von Achtsamkeitsmethoden in Unternehmen zeigen immer wieder positive Ergebnisse auf. Es wird hervorgehoben, dass insbesondere eine regelmäßige Praxis von Achtsamkeit in einem engen Zusammenhang zur subjektiv empfundenen Arbeitsbelastung und Arbeitszufriedenheit steht. Dies wirkt sich nicht nur individuell aus, sondern kann auch in der Zusammenarbeit im Team und der Kultur im Unternehmen beobachtet werden.

Um die Nachhaltigkeit von Achtsamkeitspraxis in Unternehmen zu optimieren, soll wissenschaftlich untersucht werden, wie und unter welchen Bedingungen die Achtsamkeitspraxis in den Arbeitsalltag der Unternehmen nachhaltig implementiert werden kann. Im Mittelpunkt steht der Weg eines *Mindful-Turns* von einer individuellen Achtsamkeitspraxis zu einer achtsamen Organisation. Ein besonderes Augenmerk wird dafür auf eine gelebte Achtsamkeit im Sinne eines „menschlichen Seins" für ein nachhaltiges miteinander gelegt, damit das ganze Unternehmen als *achtsame Organisation* davon profitiert. Es geht um die *Fragen*:

- Wie lassen sich die Bemühungen für eine Achtsamkeit in Organisationen aus der Perspektive einer sozial-ökologischen Bildungsforschung zum gegenwärtigen Zeitpunkt rekonstruieren?
- Wie kann eine achtsamkeitsbezogene Entwicklung in Unternehmen als ganzheitlicher Gestaltungsansatz implementiert werden?

- Welche verschiedenen Ansätze und Konzepte zum Umgang mit dem „Achtsamkeitsdefizit" in Unternehmen und bei Einzelpersonen werden angewandt?

Im vorliegenden Band wird hierzu in den Kapiteln 1 bis 6 zunächst ein Zusammenhang von nachhaltiger Entwicklung und Achtsamkeit hergestellt, indem Achtsamkeit als ein möglicher bzw. unterstützender Ansatz transformativen Lernens in Organisationen beschrieben wird und die Führungskräfte eine zentrale Funktion einnehmen. Der Zusammenhang von Achtsamkeit und Nachhaltigkeit ergibt sich für die Untersuchung aus der Bezugsformulierung des *„Umgangs mit…"*:

- *Nachhaltigkeit* bezieht sich auf die Gestaltung eines „vernünftigen" Lebens, welches mit den natürlichen Lebensgrundlagen schonend umgeht.
- *Achtsamkeit* bezieht sich zunächst auf das Verhältnis des Menschen zu sich selbst und darauf, vernünftig mit der Wirklichkeit umzugehen. Entsprechend der Metapher der Blase nach Senge et al. (2011, S. 51) geht es darum, die eigene Wirklichkeitskonstruktion als Illusion zu durchschauen und die Wirklichkeit als das zu erkennen und anzuerkennen, was sie ist. Erkenntnisleitend für die Untersuchung ist die Annahme, dass die Art und Weise, wie die Unternehmen mit dem Thema Achtsamkeit umgehen, eine wichtige Grundlage für eine Nachhaltigkeitsstrategie darstellt.

Die Analyse der Interviews zeigt, dass nach dem modifizierten Ansatz der Handlungs- und Erfahrungsebenen die Beziehungs- und Teamebene sowie die Prozessebene Schlüsselelemente einer nachhaltigen Entwicklung zur Achtsamkeit im Unternehmensalltag sind. In den Interviews wird dies dahingehend deutlich, dass ein *„Raum der Achtsamkeit"* als Spannungsfeld zwischen Individuum und Gemeinschaft expliziert werden kann. Ein sozialökologisches

Lernen wird durch einen gemeinsamen Aushandlungsprozess und eine gemeinsame Handlungspraxis getragen (Abschn. 9.2). Die Darstellung der Kernkategorie „Ursachen sowie Ziele und erwarteter Nutzen von Achtsamkeit" verweist auf die Notwendigkeit einer *Entsubjektivierung von Handlungspraktiken* (Abschn. 9.3). Aufgrund eines zum Ausdruck gebrachten Leidensdruckes der Interviewteilnehmer innerhalb ihrer organisationalen Zusammenhänge, wird der Zirkelschluss aus einer individuellen und sozialen Transformation deutlich (vgl. Cranton & Taylor 2012, S. 3). Für die Unternehmen braucht es hier eine Kulturentwicklung, welche die Bedürfnisse der Mitarbeiter in Bezug auf die Arbeits- und Lebensgestaltung dezidiert berücksichtigt.

Die Berücksichtigung ermöglicht eine Veränderung von Verhaltensweisen. Die Kernkategorie „Konsequenzen von Achtsamkeit" (Abschn. 9.4) verweist auf die *systemische Perspektive* einer zeitgemäßen nachhaltigen Entwicklung, die nicht Qualifikationen, Kompetenzprofile oder Lernzielkataloge eines Curriculums zum Gegenstand nimmt, sondern Handeln und Performanz. Dazu erschließt sich der Bedarf an Reflexion des Verhältnisses der eigenen Subjektivität mit der Kultur als integraler Bestandteil, der sich gegenseitig bedingt. Durch diese Bedingtheit von sozialen Institutionen und den Institutionen des Selbst kann mit Hilfe der Interviews darauf verwiesen werden, dass eine nachhaltige Entwicklung eine *Offenheit zur Selbstkonfrontation* und eine fragende Haltung benötigt. Diese eröffnen die Möglichkeit, Werte, Regeln und Normen gemeinsam zu deuten, infrage zu stellen und zu entwickeln. Die Ergebnisse verweisen insbesondere in der Kernkategorie „Kontexte und Einflussbedingungen" (Abschn. 9.5) darauf, dass es nicht DIE Organisation als Gestaltungseinheit für eine nachhaltige Entwicklung gibt, sondern dass Organisationen als fraktale Gebilde in ihrer Binnenstruktur zu fassen sind.

Die *fraktale Organisation* folgt zwar einer gemeinsamen Zwecksetzung, differenziert aber verschiedene Wertesysteme aus. Wird

auch immer wieder auf die generelle Bedeutung der grund-
sätzlichen Unternehmenskultur für die nachhaltige Entwicklung
verwiesen, zeigt sich in den Interviews, dass neben dem Ansatz
einer auf das gesamte Unternehmen bezogenen wertorientierten
Unternehmenskultur verschiedene Teilbereiche wie Standorte,
Organisationsbereiche, Abteilungen und Teams eine eigenständige
Rolle einnehmen können. Die Interviews verweisen darauf, dass im
Sinne der Annahme einer fraktalen Organisation, induktiv vom
Handeln der Akteure auszugehen ist, um bisweilen überhaupt erste
Schritte in Richtung einer nachhaltigen Entwicklung gehen zu
können. Die Führungskräfte der jeweiligen Führungsebene nehmen
dazu eine Schlüsselrolle ein (Abschn. 9.6). Diese beeinflussen
maßgeblich die Lernkultur innerhalb eines Unternehmens bzw.
Teilbereiches, da sie die strategische Ausrichtung verantworten. In
der Kernkategorie „Ermöglicher und Ressourcen von Achtsamkeit"
werden dementsprechend Prozesse verschiedener Systement-
wicklungen sichtbar, die in vier Lernkulturmuster zusammengefasst
werden können:

1.   gestaltungsorientierte Unternehmenskultur
2.   achtsam-werteorientierte Unternehmenskultur
3.   strategieorientierte Unternehmenskultur
4.   getriebene Unternehmenskultur

In dieser Typologie kommt zum Ausdruck, dass menschliches
Handeln und Lernen nicht allein rational oder vernünftig sind,
sondern erfahrungsbasiert zu denken sind. Zu berücksichtigen ist
der Zusammenhang aus gemeinsamen Interaktionen als sozial
konstruierte Phänomene und Routinen. Die Interviews zeigen
dabei, dass Lernen auch den Charakter des regelmäßigen
Trainierens und Übens haben kann, an das immer wieder erinnert
und über das immer wieder reflektiert werden muss. Mit der
Kernkategorie „Barrieren und Gefährdungen von Achtsamkeit"
(Abschn. 9.7) kann der Bedarf für diese Reflexion in bestehenden
Wertekonflikten gesehen werden, die sich häufig als *Deutungs-*

konflikte im Dreieck von Deutungsvorgaben sowie des Erfahrungs- und Handlungsraumes präsentieren. Dieser Abschnitt stellt dahingehend heraus, dass eine auf nachhaltige Entwicklung ausgerichtete Bildung nicht allein vom Bildungsbegriff her, sondern von Bildungsräumen zu denken ist, in denen die subjektiven und intersubjektiven Perspektiven im Rahmen einer *Selbstthematisierung* des Subjekts, der Teams und der Organisation mit ihren je spezifischen Wertekonflikten Raum gewinnen.

Diese Selbstthematisierung wird als Basis zum Formulieren konkreter Aussagen über die nachhaltige Entwicklung als Deutungsvorgaben angesehen. Diese fungieren einerseits als strategische Rahmung zur kollektiven Sinnbildung und andererseits als Operationalisierung der Ziel- und Handlungsvorgaben als klare Konventionen zur Bestärkung eines konstruktiven Verhaltens. In diesem Sinne stellt sich Achtsamkeit als Ausdruck einer nachhaltigen Entwicklung als *Kulturaufgabe* dar, die nicht als Gegenprogramm zu einer wie auch immer gearteten Nicht-Achtsamkeit oder Nicht-Nachhaltigkeit zu konzipieren ist, sondern als integraler Ansatz. Dieser Ansatz, so verdeutlicht die Kern-kategorie „Vision, Entwicklungsbedarf und konkrete Schritte zur Achtsamkeit" (Abschn. 9.8), muss sich dem grundsätzlichen Widerspruch zwischen der Logik der Organisation als System und der Logik des Menschen als Natur-, Körper-, Gefühls- und Geistwesen stellen. Dazu braucht es eine *Entprivatisierung der Achtsamkeits- und Nachhaltigkeitspraxis*, in der das Thema immer wieder thematisiert wird und in der auf das WARUM aufmerksam gemacht wird. Der Aspekt der Entprivatisierung bezieht sich auf ein Verständnis, das die Förderung von Achtsamkeit und Nachhaltigkeit als Kulturaufgabe in den drei Handlungs- und Erfahrungsebenen der Selbst-, Beziehungs-und Prozessentwicklung verortet.

Das Kernproblem nachhaltiger Entwicklung kann in diesem Zusammenhang in einer Pfadabhängigkeit der strategischen und strukturellen Anpassungsfähigkeit von Organisationen gesehen werden. Aus diesem Grund wird in Abschnitt 9.9 das Zwischenfazit gezogen, dass bildungstheoretisch eine Achtsamkeit bzw. Nachhaltigkeit in Organisationen als operative Funktion mit einer Achtsamkeit bzw. Nachhaltigkeit als strategische Funktion verbunden werden muss. Im Kern geht es um den Zusammenhang, dass sich die Organisation als strategisches Bestimmungsstück und das individuelle Verhalten als operatives Bestimmungsstück wechselseitig beeinflussen und bedingen. Dieser Erkenntnis folgend wird daher im Kapitel 10 eine *„Roadmap für Achtsamkeit im Unternehmensalltag"* als erster Entwurf formuliert, die drei Phasen umfasst und metaphorisch formuliert sind:

1. Boarding (Abschn. 10.1)
2. Take-Off (Abschn. 10.2)
3. Flight (Abschn. 10.3)

2 Ökologie als Wissenschaft und Nachhaltigkeitsforschung: Aspekte einer nachhaltigen Entwicklung

Die Ökologie avancierte im letzten Jahrhundert zu einer *Leitwissenschaft*, bei der nach Rink & Wächter (2004, S. 7) die naturwissenschaftliche Orientierung im Vordergrund stand. Aufgrund der Popularität, die die Ökologie insbesondere aufgrund ihrer Medienwirksamkeit erlangt hat, wurde jedoch die Kritik herangetragen, insbesondere gesellschaftliche und ökonomische Aspekte zu vernachlässigen. Es wurde kritisiert, dass die Lösungen an den alltäglichen Realitäten und den Lebenskonzepten sowie Verhaltensmustern vorbeigingen, weswegen eine tatsächliche ökologische Transformation bisher ausblieb.

Die *Nachhaltigkeitsforschung* soll diese Lücke durch die Entwicklung von Methoden und Konzepten als interdisziplinärer Ansatz schließen. Die Nachhaltigkeitsforschung bezieht sich damit nicht mehr nur auf ein Verständnis von Natur als das zentrale Bezugsphänomen, sondern auch auf soziale und wirtschaftswissenschaftliche Aspekte. Das Verständnis von Natur erscheint oftmals als eine durch die jeweiligen Fachdisziplinen geprägten Vorstellungen, die um die „lebensweltlichen Natur-verhältnisse" (ebd. S. 8) ergänzt werden müssen. Insbesondere geht es dabei um die Integration von normativen Elementen der jeweiligen Bezugsdisziplin mit den tatsächlichen Lebensrealitäten. Nachhaltigkeit wird durch Towers & Kohler (2008, S. 297) in diesem Sinne als Begriff verstanden, der sich historisch nach dem Konzept der Ökologie entwickelt hat. Als zentraler Unterschied wird auf die stärkere Fokussierung auf den Menschen und sein Handeln im Nachhaltigkeitskonzept verwiesen.

Während *Ökologie als Wissenschaft* (siehe Abb. 1) dem Gewinnen von Erkenntnissen über das WAS zu dienen scheint, folgt das

Verständnis der *Nachhaltigkeitsforschung* eher der Logik einer Intervention. Einer bestimmten Intervention wird dann eine Wirkung zugeschrieben. Nachhaltigkeit kann als Element erster Ordnung damit als nachhaltigkeitsbezogenes Handeln verstanden werden. Als Element zweiter Ordnung kann es dagegen als reflexive Beobachtung über gelungenes Handeln gefasst werden (vgl. Schüßler, 2007, S. 13).

Mit Blick auf die ökologische Nachhaltigkeit kann herausgestellt werden, dass die Nachhaltigkeitsforschung im Unterschied zur Ökologie stärker nach dem WIE der normativen Setzungen fragt, d.h. wie das Naturkapital und die Umweltqualität erhalten werden können. Nachhaltigkeitsforschung bezieht sich so gesehen auf das *Konzept nachhaltiger Entwicklung* und damit, so Jetzkowitz (2010, S. 258), auf die zentralen Bezugspunkte der Sozialität der Menschheit, deren Wandel und die Veränderbarkeit der Gesellschaft. Die Nachhaltigkeitsforschung folgt damit der Einsicht, dass ein

> „(...) Wissen um gesellschaftliche Tatbestände und Vorstellungen über Möglichkeiten von Gesellschaftsentwicklung zu ihrem Kernbestand gehören müssen. Schließlich ist es die Gesellschaft, die durch eine nicht-nachhaltige Entwicklung ihre eigene Existenz gefährdet." (ebd. S. 257).

Kultur und die Sozialität der Menschheit ist damit kein Thema, was die Nachhaltigkeitsforschung entdeckt hat, dies reklamiert auch die Ökologie als Wissenschaft mit ihren Teildisziplinen wie der Sozialökologie oder der Humanökologie. Die Nachhaltigkeits-forschung ist vielmehr Ausdruck des Bemühens, dass es der Menschheit gelingt, die eigene Lebensweise ökologisch, d.h. nachhaltig zu gestalten. Nachhaltigkeit als Begriff, damit auch Nachhaltigkeitsforschung, dient dazu, eine „(...) wünschenswerte Zustandsänderung im Sinne der Sicherstellung der Zukunfts-fähigkeit (...)" (Kleine, 2009, S. 3) in den Blick zu nehmen und explizit nach Strategien einer nachhaltigen Entwicklung zu suchen bzw. diese zu begründen.

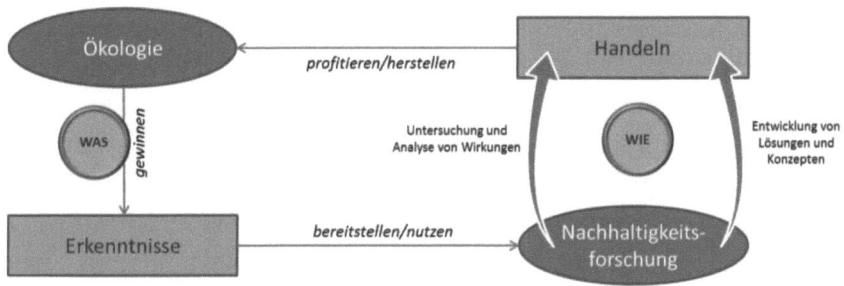

Abbildung 1: Verhältnis Ökologie zur Nachhaltigkeitsforschung

3 Nachhaltige Entwicklung ohne die Nachhaltigkeitsdimension des Selbst: Achtsamkeit für eine ökologische Transformation

Nachhaltigkeitsfragestellungen beziehen sich auf Umweltprobleme (siehe Abb. 2). Untersuchungen zum Konzept der Bildung für nachhaltige Entwicklung (BNE) (vgl. Rieckmann 2010, S. 173), Programm- und Kursanalysen für Volkshochschulen (vgl. Henze 1998, S. 33ff) und Angebotsanalysen für die außerschulische „Bildung für nachhaltige Entwicklung" (BNE) (vgl. Michelsen et al. 2013, S. 87) zeigen, dass häufig auf Themen wie Energie, Klima, Abfallwirtschaft, Bauen, Mobilität u.a.m. Bezug genommen wird. In der Folge, so de Haan (2008, S. 27), führe dies zu einer *Dominanz kognitiver Muster*. Damit einhergehend wird die Kritik formuliert, dass die Orientierung auf Wissen bzw. Inhalte, die über das Verhältnis zur Umwelt und Natur aufklären, nicht ausreichend ist (vgl. Bolscho 2010, S. 205).

Das Grundproblem der damit im Zusammenhang stehenden durch die OECD formulierten Schlüsselkompetenzen kann mit Rauch et al. (2008, S. 146) in der Orientierung auf ein *reflexives Denken und Handeln* gesehen werden. Hier wird davon ausgegangen, dass eine Reflexivität die Fähigkeit zum Umgang mit komplexen Situationen ermöglicht und einen Ansatz darstellt, aus Erfahrungen kritisch zu lernen. Die Bund-Länder-Kommission hat in ihrem Gutachten (vgl.

BLK 1999, S. 25) diesbezüglich bereits festgestellt, dass die BNE den Dualismus von Mensch-Natur unterfüttert und dass die Zusammenhänge selbst als zu abstrakt formuliert werden. Zum Beispiel wird für den Aspekt der Gesundheitsförderung auf das Kernfeld Ernährung abgestellt und dabei auf das Verhältnis Fleischkonsum und Artenschutz oder Umweltverschmutzung verwiesen. Es geht hier um abstrakte Einstellungen wie Gerechtigkeit und Ökologie (vgl. BLK 1999, S. 75f.), ohne jedoch das darin wohnende subjektive Moment zu erfassen. Die innere Dimension des Selbst als Selbstentwicklung bleibt unter-repräsentiert. Dies erscheint insofern als bedeutsam, als die Umweltbewusstseinsforschung deutlich herausstellt, dass eine umweltbezogene Wissensentwicklung nicht zu einem umwelt-bezogenen Handeln führe (vgl. Huber, S. 2011, 80).

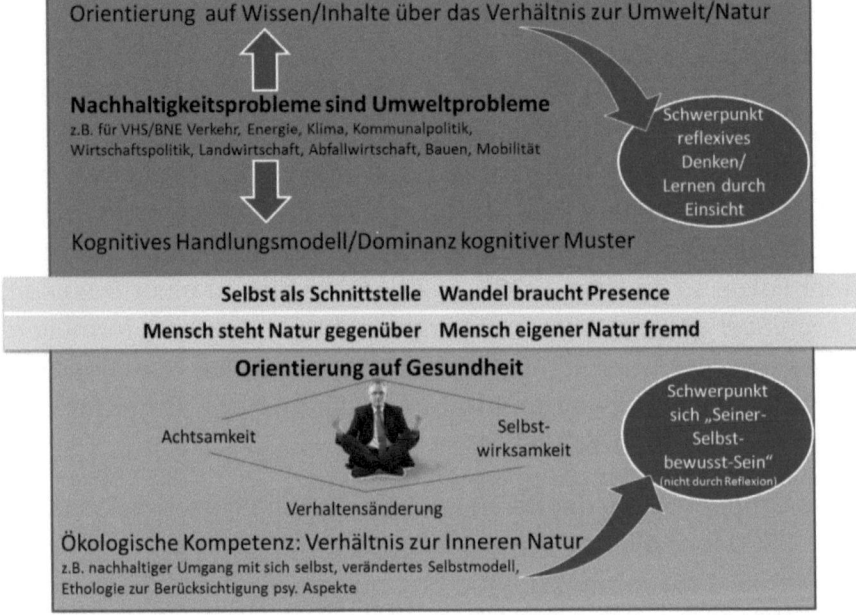

Abbildung 2: BNE ohne Nachhaltigkeitsdimension des Selbst

Das Selbst erscheint insgesamt als wichtige Schnittstelle für veränderte Verhaltensweisen. Walch (2011, S. 167) plädiert daher dafür, dass die Selbst-Reflexion durch die Selbst-Erfahrung ergänzt wird. Senge (2005, S.14f.) haben dementsprechend das Selbst der handelnden Akteure ins Zentrum ihres Ansatzes für einen organisationalen Wandel gesetzt, wobei eine *„Presence"* als Achtsamkeit verstanden, Veränderungen zum Durchbruch verhilft: "We've come to believe that the core capacity needed to access the field of the future is presence. " (ebd.).

Für eine ökologische Transformation kann daher die Hypothese formuliert werden, dass es darum geht, einen Beitrag dafür zu leisten, dass der Mensch seiner eigenen Natur näherkommt (vgl. Büntig 2010, S. Iff.). Dies bedeutet, dass sich der Mensch selber als Teil der Natur verstehen muss und sich nicht als ein Wesen konzipiert, das der Natur gegenübersteht (vgl. Rink et al. 2004, S. 26ff.). Entsprechend beschreibt Negt (1993, S. 665) *ökologische Kompetenz* als das Verhalten zur äußeren Natur, die das Verhältnis zu inneren Natur einschließt. Dabei mangelt es offensichtlich nicht am Wissen über die psychologische und seelische Verfasstheit des Menschen, um den sozialen Raum „menschlicher" zu gestalten. Vielmehr scheint es eine zweite Realität zu geben, die die Menschen in ihrer subjekthaften Verfasstheit aus ihrer Identitäts-balance herausführt. Negt (1993, S. 663) ergänzt daher im Kanon der gesellschaftlichen Kompetenzen die ökologische Kompetenz um eine Identitätskompetenz, weil die Fragilität der eigenen Biographie und sozialer Kontexte (z.B. Grundsituation von Arbeit und Eigentum) zu einer Vertreibungslogik führe, welche das „gebrochene Selbst und die bedrohte Identität" (ebd. S. 664) zur Folge habe.

Einer BNE, die im Schwerpunkt als reflexives Denken oder als Lernen durch Einsicht beschrieben werden kann, kann so ein ökologisches Verständnis gegenübergestellt werden, das psychologische Aspekte im Sinne eines nachhaltigen Umgangs mit sich selbst berücksichtigt (vgl. Loew et al. 2004, S. 19ff.; Hasenclever 1987, S. 92). *Achtsamkeit* kann dazu als ein wichtiges Wirkprinzip verstanden werden. Streng genommen ist ein nachhaltiges Selbst davon geprägt, sich seiner selbst bewusst zu sein, d.h. mit sich selbst Inne zu werden. Stein (1991, S. 127) konzipiert dies in einer naturphilosophischen Betrachtung als Unterschied zu einem Akt der Reflexion. Existierendes Wissen wird dabei eher in relevantes Verhalten umgesetzt.

4 Achtsamkeit: Eine psychometabolische Aktivität des Lernens

Im Kontext sozial-ökologischer Forschung und der Umwelt-soziologie hat sich der Begriff des *gesellschaftlichen Stoffwechsels* etabliert, der die „(...) materiellen und energetischen Austausch-beziehungen zwischen Gesellschaft und Natur (...)" (Fischer-Kowalski et al. 2011, S. 98) beschreibt. Es handelt sich dabei um ein metaphorisches Konzept, das die Gesellschaft als Akteur mit einem Organismus vergleicht, der Nahrung aufnimmt, verdaut und sie wieder ausscheidet. Das Stoffwechsel-Paradigma wird dabei aus einem epistemologischen Modell der Gegenüberstellung von Gesellschaft und Natur mit seinen Interaktionen abgeleitet. Die Autoren beziehen sich auf ein Systemverständnis *sozialer Systeme* von Luhmann (1997) sowie *biologischer Systeme* nach Maturana und Varela (1975) mit der Idee, dass Systeme autopoietisch und damit operativ geschlossen sind. Sie sind sich wechselseitig Umwelt.

Hier wird der Ansatz verfolgt, ein System nicht allein aus der Summe seiner Elemente zu verstehen, sondern die Prozesse und Programme zur Aufrechterhaltung seiner Grenzen im Verständnis einer Selbstreproduktion zu berücksichtigen. Der theoretische Kritikpunkt an der Systemtheorie Luhmanns, dass diese nur im Medium der Kommunikation zu fassen sei und sogar den Menschen als Umwelt der sozialen Systeme konzipiert, wird durch Fischer-

Kowalski et al. (2011, S. 99f.) derart gelöst, dass der Mensch als Bindeglied zwischen einer rekursiven Kommunikation und der naturalen Wirklichkeit gefasst wird. Es werden hier die Wirkungszusammenhänge von Natur und Kultur in ihrer wechselseitigen Bedingtheit erfasst, wobei naturale und kulturale Regelkreise unterschieden werden. „Dass Elemente natural geregelt sind, schließt keineswegs aus, dass sie zugleich kultural geregelt sind und umgekehrt." (ebd. S. 101).

Im epistemologischen Modell wird dabei die Verbindung zwischen Gesellschaft und der materiellen Welt über einen Metabolismus (Stoffwechsel, Energie) konzipiert, demgegenüber die Verbindung zwischen einer Population und einer diese zum Ausdruck bringenden Kultur durch Kommunikation (Sinn) steht.

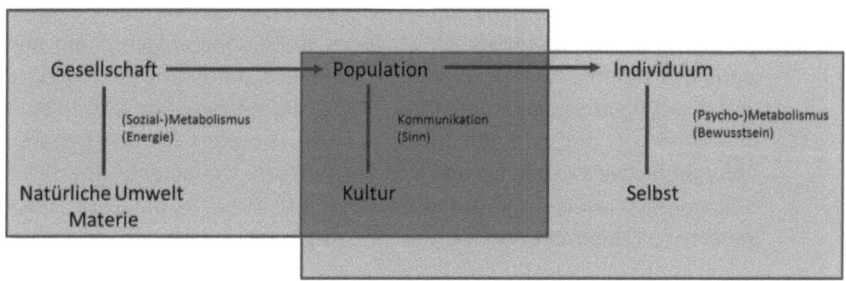

Abbildung 3: Achtsamkeit als psychometabolische Aktivität des Lernens

Als ein zentrales Bindeglied für dieses Modell kann innerhalb der Population der einzelne Mensch als Individuum gesehen werden, der eine Verbindung zu sich selbst über sein Bewusstsein in Form von Gedanken herstellt. Dies erscheint insofern als notwendig, als dass im Kontext sozial-ökologischer Forschung der Mensch häufig eher als „hilflose Generalisierung" (Grunwald 2010, S. 248) einer abstrakten Größe als Bevölkerung oder Bürger erscheint, was zwar Daten über Verhaltensweisen liefert, aber nicht wirklich zu einer individuellen Verhaltensänderung führt. Mit Fuchs (1994, S. 16) kann demgegenüber der *Mensch als Medium* spezifiziert werden,

13

da gesellschaftliche und systemische Kontingenz, d.h. Kommunikation, Gegenpole benötigt. Dies ergibt sich daraus, dass Gesellschaft und Bewusstsein sich aufgrund ihrer Operationsweise wechselseitig ausschließen. Der Mensch scheint dennoch eine Mittlerrolle einzunehmen, die erklären helfen kann, wie sich Bewusstseinssysteme aneinander anschließen – und somit einen Beitrag dazu leistet, zu erklären, wie eine ökologische Transformation möglich ist.

So gesehen erscheint es konsequent, neben der Gesellschaft (natürliche Umwelt) und Population (Kultur) das Individuum (Selbst) als Teil des Metabolismus zu berücksichtigen. Einem Sozialmetabolismus kann an dieser Stelle ein *Psychometabolismus* (vgl. Huxley 1963) gegenübergestellt werden:

> „Throughout evolution, the animal, with the aid of various bodily organs, utilizes the raw materials of its food, drink, and inspired air and transforms them into characteristic biochemical patterns which canalize and direct its physiologic activities. This is metabolism. But with the aid of its brain, its organ of awareness or mind, it utilizes the raw material of its subjective experience and transforms it into characteristic patterns of awareness which then canalize and help to direct its behavior. This I venture to call psychometabolism" (Huxley 1963, S. 194).

Für den Psychometabolismus steht das Gehirn im Mittelpunkt, welches evolutionär betrachtet dazu entwickelt wurde, mehr oder weniger existierende „Rohdaten" aus der Umwelt in Form von Erfahrung in eine systemspezifische Aufmerksamkeit zu transformieren. Dabei kann die psychometabolische Organisation hinsichtlich der Aufmerksamkeitssteuerung auf externe Objekte und innere Zustände aufgeteilt werden, wobei es darum geht, diese zu einem stimmigen Ganzen zu integrieren (vgl. ebd. 195).

> „Finally, the central organ of awareness, the brain, has the astonishing capacity of integrating an enormous number of separate, and often disparate, elements of experience into an organized pattern of which the animal is aware as a whole, and which it experiences as different from all other such patterns" (ebd. S. 186).

Im Sinne einer ökologischen Betrachtung wird diese psychometabolische Aktivität insofern relevant, als sie für einen Organismus dazu dient, eine Situation als Ganzes wahrzunehmen und situationsangemessen „erfolgreiches" Verhalten zu aktivieren. McGrory (1965, S. 895) stellt dementsprechend den Zusammenhang zwischen der subjektiv wahrgenommenen Gesundheitsqualität und den mentalen Kapazitäten innerhalb einer komplexen Gesellschaft her. Er verweist auf die Herausforderung, dass neben dem Erhalt der physischen Gesundheit die mentale Gesundheit ein kritischer Faktor der Zeit sei. Achtsamkeit kann dazu als eine psychometabolische Aktivität des Lernens (vgl. Huxley 1963, S. 187) verstanden werden, die darauf ausgerichtet sein kann, den überstrapazierten psychischen Stoffwechsel durch Arbeit, Konsum usw. in Balance zu bringen (vgl. Ehrenberg 2008, S. 13f.).

Die Schnittmenge zwischen Individuum und Gesellschaft scheint hier auf der Ebene der Population mit ihrer Kultur zu liegen. Für eine ökologische Transformation erscheinen dabei Organisationen bzw. Unternehmen als gesellschaftspolitische Gestaltungseinheit, weil auf Ebene der Organisationen gesellschaftliche Probleme über Entscheidungen organisiert werden können. Dies ist dabei nicht als eine instrumentelle Steuerung zu verstehen, sondern als eine Etablierung von Strukturen, Prozessen und Programmen. Achtsamkeit erscheint dabei als ein Wert, der innerhalb einer organisationalen Wertekommunikation einen zentralen Entscheidungsbedarf markiert (vgl. Groddeck 2011, S. 216ff.).

5 Ökologische Transformation braucht Kontexte: Organisationen als Lern- und Erfahrungsräume

Verfolgt man das oben aufgeführte Verständnis der Subjektorientierung weiter, wird auffällig, dass der Mensch im Konzept der nachhaltigen Entwicklung in doppelter Weise nicht berücksichtigt wird oder zu einer diffusen und abstrakten Kategorie von „Öffentlichkeit" und „Bürger" (vgl. Beschorner et al. 2005, S.

20) reduziert wird, auch wenn auf die grundlegenden Schlüsselbegriffe der Ökologiedebatte „Mensch, Gesellschaft und Natur" (Becker 2006, S. 34) verwiesen wird:

1.   Der Mensch wird nicht als Natur konzipiert, sondern als Gesellschaft, wodurch er einen Beitrag an einer nichtökologischen Kultur leistet.

2.   Er wird im systemtheoretischen Verständnis auch nicht als Umwelt von Gesellschaft begriffen, womit er nicht als eigenständige Entität in die Argumentation einfließt.

Der Mensch ist zwar Thema, aber das eigentliche Menschsein in seiner Selbstbezogenheit bleibt ausgeblendet. Es wird sogar explizit von Konzepten wie Individuum oder Subjekt Abstand genommen, weil das wissenschaftstheoretische Verständnis des Verstehens als Form des Erkennens hier als zu begrenzt eingeschätzt wird (vgl. ebd. S. 35). Diesem Verständnis fehlt das Subjekt, was ein Ergebnis der Grenzziehung der Ökologie als Wissenschaft sein kann, da versucht wird, aufgrund des naturwissenschaftlichen Ursprungs eine konzeptionelle Grenzziehung zu erreichen.

> „Derjenige Teil der materiellen Welt, der sich nicht parametrisieren und messen lässt, wird als kontingenter Teil vom dynamischen Teil getrennt und als Rauschen durch Idealisierungen aus dem System entfernt bzw. als ´Rest´ durch Residualparameter (...) erfasst." (Haag & Matoschnat, S. 2002, S. 92).

Vernachlässigt würde dabei die Person mit ihrer Erfahrung, weil das Verhalten als eine *Funktion der Erfahrung* anzusehen ist. „Erfahrungen und Verhalten stehen immer in Relation zu irgendjemand oder zu irgendetwas als dem Selbst." (Laing 1972, S. 19). Erfahrungen sind eingebettet in alltägliche Handlungen mit kollektiven Dimensionen wie z.B. Körperhygiene, Mobilität oder Zeittaktung. Diese wirken sich auf den Umgang des Menschen mit seiner Umwelt aus. Gewohnheiten und sozial konstruierte Realitäten müssen damit im Fokus ökologischer Problemlösungen stehen, da lediglich *alltagstaugliche Ansätze* auf eine gesellschaftliche Durchdringung hoffen lassen: „Die Kategorie Alltag besitzt somit eine Schlüsselbedeutung für Soziale Ökologie." (Stieß & Hayn 2006, S. 211). Im Alltag spiegeln sich soziale Kognitionen als gemeinsam geteilte Grundannahmen über das „Leben" wieder, die dem Denken und Handeln Sinn verleihen und damit Relevanz stiften. Individuelles Handeln ist damit an Vergesellschaftung gebunden und in einer Rekursivität gleichzeitig ein Produkt dieses Prozesses. Der Alltag beinhaltet in diesem Sinne Institutionen als ein normatives Erwarten und unterliegt einer stetigen Reproduktion.

Dem Alltag wohnt in Anlehnung an diese Feststellung selbst etwas Künstliches inne, da er durch kulturelle und wissenschaftliche Artefakte durchdrungen ist. Die Institutionen durchdringen den Alltag dabei bis auf eine Prozessebene, da zum Beispiel familiäre oder organisationale Artefakte wie der Umgang mit Zeit, Hierarchie, Pluralisierung, Exklusion, Verfügbarkeit von Erwerbsarbeit oder soziale Beziehungen stark beeinflusst werden. Die Sozialisationsforschung hält diesbezüglich fruchtbare Erklärungs-ansätze für die sozialökologische Forschung bereit, in dem der Umweltbegriff eher als ein relationales Konzept gefasst wird, um die Wechselwirkungen zwischen Individuum und Umwelt zu analysieren. Dabei wird die Frage verfolgt, wie sich Individuum und Umwelt wechselseitig beeinflussen. Dementsprechend greift Dippelhofer-Stiem (1995, S. 11) Ansätze einer ökologischen Perspektive in der *Sozialisationsforschung* auf und stellt dar, dass verschiedene Kontexte vor dem Hintergrund eines ökologischen Anspruchs thematisiert werden, zum Beispiel:

- Schulklima als Sozialisationsfaktor
- Hochschule als Umwelt und Bedingungsgröße studentischer Entwicklung
- institutionelle Felder beruflicher Sozialisation

Die ökologische Perspektive bezieht sich hier auf die unterschiedlichen Facetten und Merkmale des Wechsel-verhältnisses zwischen dem Entwicklungsprozess des Individuums und der umgebenden Kontexte. Vom besonderen Interesse stellt sich dabei die Verhältnisbestimmung zwischen „(...) der Rolle von externen Einflüssen auf das soziale und personale Werden des Menschen (...)" (ebd. S. 12) dar. Mit Hilfe der Sozialisations-forschung wird die grundlegende Erkenntnis der Ökologie für soziale Systeme aufgegriffen, dass niemals ein Einzelorganismus untersucht wird, sondern immer ein Ökosystem mit der Gesamtheit der bestehenden Wechselbeziehungen (vgl. Simon et al. 1999, S. 240).

Die Berücksichtigung dieses Verständnisses spielt eine wichtige Rolle bei der Analyse des Zusammenhangs der *Ökologie des Menschen* als dessen Gesundheit und dem Zustand der Umwelt. Hierbei kann eine wechselseitige Beziehung ausgemacht werden. Primär wird dabei der Zustand der Umwelt im Kontext der ökologischen Krise in ihrer Auswirkung auf die menschliche Gesundheit betrachtet, wie beispielsweise der Einfluss der Feinstaubabgase auf die Lunge des Menschen. Es kann aber auch von einer reziproken Wirkung ausgegangen werden, laut derer auch die Gesundheit des Menschen eine Auswirkung auf die Umwelt habe (vgl. Wilcox et al. 2004, S. 3). Bezogen auf soziale Umwelten, kann das mit Kets de Vries (2006, S. 191) plausibilisiert werden, da der Autor davon ausgeht, dass persönliche Dysfunktionalitäten der Führungskräfte zu organisationalen Dysfunktionalitäten werden können:

> „[They, Anm. d. Verf.] (...) include collusive interactions, unrealistic organizational ideals, toxic cooperate cultures, neurotic organizations, faulty patterns of decision-making, motivational problems, organizational alienation, and a high rate of employee turnover."

Damit besteht eine soziale Umwelt, die sich auf die Organisationsmitglieder auswirkt. Entsprechend dieses Verweises kann mit Vaskovics (1982, S. 16) für eine sozialökologische Forschung geschlussfolgert werden, dass eine *Untersuchungseinheit* benötigt wird, die einen klaren Raumbezug umfasst und eine Beziehung zur alltäglichen Lebens- und Erfahrungswelt herstellt. Dazu muss diese Einheit in ihrer Beschaffenheit untersucht werden, wobei darauf zu achten ist, dass sie eine Beziehung zur Erklärung der individuellen Persönlichkeitsentwicklung zulässt. Daraus ergibt sich ein methodisches Design ökologischer Sozialisationsstudien, die einem Mehrebenenmodell folgen, wie es durch Bronfenbrenner (1981) vorgelegt wurde. In diesem Mehrebenenmodell (siehe Abb. 3) wird die Ebene des

- individuellen Akteurs (1),
- der sozialen Gruppe (2),
- des ökologischen Kontextes (3) und
- der Gesellschaft mit ihrer Sozialstruktur (4) unterschieden.

Sozialökologische Forschung kann sich in ihrer Analyse dabei auf unterschiedliche Ebenen beziehen bzw. gezielt bestimmte Ebenen ausschließen (vgl. Vaskovics 1982, S. 17f.). Der entscheidende Bezug ist die Bestimmung des ökologischen Kontextes in diesem Ansatz, als unmittelbare und relevante soziale und natürliche Umwelt. Diese Umwelt ergibt sich zum Beispiel aus dem Wohnort oder dem Arbeitsplatz mit ihren konkreten Tätigkeiten. Hier spielt die Abgrenzung von Raumeinheiten eine besondere Bedeutung, weil diese maßgeblich das Verhalten im Sinne des Konzepts *„Behavior Setting"* (Stengel 1999, S. 152) beeinflussen.

So lassen sich beispielsweise Organisationen als Behavior Settings verstehen, wobei die Organisation dabei als eine ökologische Einheit verstanden wird, die das Verhalten und Handeln der Subjekte beeinflusst. Konkret eröffnet sich damit die organisationstheoretische Frage, wie eine - wie auch immer gefasste - Ökologie konkret organisiert werden kann. Die *Organisation der Organisation* erscheint als eine spezifische

Lebenswelt durch die in ihr befindlichen Strukturen und ablaufenden Prozesse. Mit den Institutionalisierungen lässt sich eine Emergenz des Bewusstseins unterstellen, die durch die konkreten Bedingungen in den Organisationen geschaffen wird. Diese Ausgestaltung lässt sich nach Lüscher et al. (1985, S. 17) als „ökologische Gestaltung" beschreiben. Ökologische Gestaltung meint, dass die Subjekte individuelle Ideen, Auffassungen, Werte und Einstellungen in eine gesellschaftlich-objektive Gegebenheit (Ideen, Sachverhalte) einbringen, wobei dieses Zusammenwirken der Erfüllung organisationaler Aufgaben dient.

In dem beschriebenen Mehrebenenmodell wird die *Zirkelhypothese* vertreten, dass sich Sozialisationsprozesse zirkulär, d.h. wechselseitig aufeinander beziehen. Es wird davon ausgegangen, dass die Makroebene (Gesellschaft) nur im Zusammenhang mit der Mikroebene (Akteur, Individuum) bzw. vice versa erklärt werden kann (vgl. Bertram 1982, S. 26), wobei die Mesoebene sozialer Organisationen als Medium dient. Lüscher (1982, S. 73ff.) stellt in diesem Verständnis den Zusammenhang aus Ökologie und Sozialisation dar, indem er sich auf den Zusammenhang der Wechselbeziehung von Organismen zu ihrer Umwelt bezieht. Er betrachtet das interdependente Verhältnis einer natürlichen bzw. einer institutionellen Umwelt mit menschlichen Verhaltensweisen in der Wahl und Gestaltung dieser Umwelten.

Dieser Sachverhalt, so wird durch den Autor ausgeführt, führt in die Entwicklung individueller und kollektiver Identitäten, welche wiederum eine Auswirkung auf dem Umgang mit der Umwelt (1) und, so der entscheidende Einwand, auf den Umgang des Menschen mit sich selbst (2) hat (vgl. ebd. S. 74). In der Konsequenz müsse es dann für eine sozial-ökologische empirische Forschung darum gehen, zu analysieren, wie die individuelle und gesellschaftliche Ebene miteinander verbunden werden können und welche sozialen Institutionen und Prozesse dies unterstützen. Daher muss geprüft werden, welche sozialen Institutionen nötig sind bzw. bereits geschaffen wurden, um die anstehenden Aufgaben innerhalb der Gesellschaft im Rahmen einer individuellen Entwicklung zu lösen.

So gesehen stellt sich die individuelle Entwicklung als Bezugspunkt ökologischer Sozialisationsforschung dar. Ries (1982, S. 109) sieht die Verbindung zwischen dem ökologischen Umfeld und der Wahrnehmung durch die Akteure über das zentrale und vegetative Nervensystem.

> Es „[…] werden bei den Akteuren Emotionen, Kognition und andere Reaktionen ausgelöst, die sich auf einer höheren Ordnungsebene in Wirkungen auf das Selbstkonzept und die Identität und die Balance von Wohlbefinden und Stress oder auf Handlungen manifestieren." (ebd.)

Diese individuelle Entwicklung kann in ein Verständnis für eine *systemische sozial-ökologische Forschung* übertragen werden, wie es Beckmann et al. (1982, S. 148) für die familiäre ökologische Sozialisationsforschung tun. Dabei orientieren sie sich an dem Mehrebenenmodell, wobei sie eine deutliche Akzentsetzung auf die Ebene des ökologischen Kontextes als Mesoebene setzen. Der Akzent wird dabei auf die materielle Ausstattung und die soziale Zusammensetzung des Nahraumes als potentiellen Erfahrungs- bereich der Akteure gesetzt. Die Ebene der sozialen Gruppe mit dem darin zu beobachtenden Führungsstil und dem Organisationsklima gewinnt als ein ökologisches Setting an Bedeutung. Damit wird eine systematische Beziehung zwischen den Umweltgegebenheiten und den Sozialisationsprozessen innerhalb des sozialen Systems hergestellt. Die *zentralen Analyseeinheiten* sind dabei die systemspezifische Umwelt und die inner- systemischen Institutionalisierungs- bzw. Sozialisationsprozesse (vgl. ebd. S. 146f.).

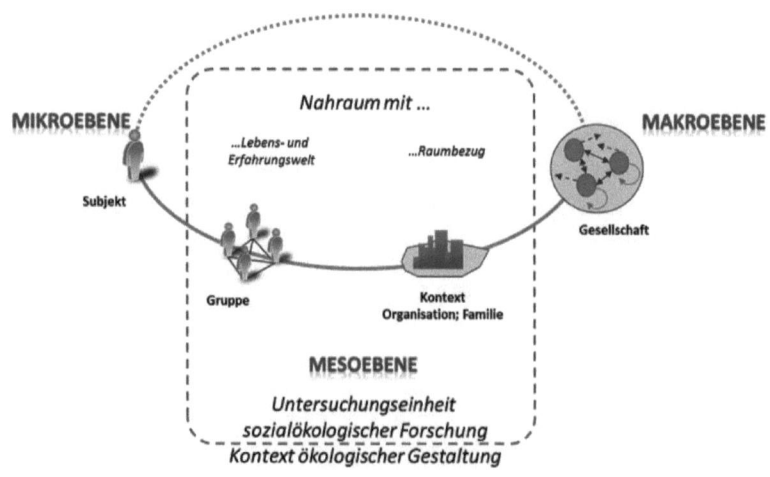

Abbildung 4: Beziehungsökologischer Bezugsraum sozialökologischer Forschung

6 Achtsame Führung: Schnittstelle ökologischer Transformation

Die Debatte um das Thema Nachhaltigkeit bezieht sich auf das Problem der Veränderung der alltäglichen Handlungspraxis. Dabei identifiziert John (2013, S. 114ff.) eine *Paradoxie* zwischen struktureller Nachhaltigkeit (stabile Handlungspraxis) und normativer Nachhaltigkeit (umweltbezogene Verhaltensänderung). Das Problem kann damit umschrieben werden, dass sich das Potential der Krisen in ihrer alltäglichen Gegenwärtigkeit verstetigt hat, demgegenüber aber eine „praktische Ignoranz" (ebd. S. 115) im Alltag steht. Die sich ergebende Paradoxie scheint in der *Tautologie der Nachhaltigkeit* selbst zu liegen. Tautologisch deshalb, weil jede für die Handlungspraxis getroffene bewusste oder unbewusste Entscheidung zunächst auf Nachhaltigkeit - d.h. auf Stabilität - ausgerichtet ist.

Der normative Umweltbezug einer „nicht-nachhaltigen Nachhaltigkeit" (ebd. S. 118) wirkt hier daher eher verklärend, weil die Struktur einem Wert gegenübersteht, die Erfüllung des Wertes

– zum Beispiel Nachhaltigkeit oder Achtsamkeit - jedoch erst in der realisierten Struktur beurteilt werden kann. Die Struktur einer Organisation selbst ist dabei nicht beliebig, sondern selbstdeterminiert innerhalb des Sinns der Funktionserfüllung. Der Möglichkeitsbereich einer normativ geforderten Nachhaltigkeit erscheint daher als begrenzt. Nachhaltigkeit als Wert kann immer nur als Anregung zur Entscheidung dienen, wobei Achtsamkeit dabei unterstützt, die alltäglichen Praktiken zu thematisieren.

Abbildung 5: Achtsame Führung als Schnittstelle ökologischer Transformation

Wie wirksam Achtsamkeit für die Einführung und Verständigung *unternehmerischer Sozialverantwortung* sein kann, verdeutlicht der abschließende Projektbericht des von der EU geförderten Forschungsprojektes RESPONSE (vgl. Zollo et al. 2007). Im Bericht wird darauf verwiesen, dass die konventionellen Maßnahmen zur Verstetigung von unternehmerischer Sozialverantwortung, wie beispielsweise geleitete Gruppendiskussionen, Einzelfallanalysen oder klassische Corporate Social Responsibility (CSR)-Trainings dazu nur wenig geeignet sind. Coachingprogramme für Leitungskräfte, die durch introspektive und meditative (Mind-Body-) Techniken flankiert wurden, erwiesen sich dagegen als wirksamere Interventionen zur langfristigen Umsetzung von CSR-Aktivitäten.

> „Hier eröffnen sich große Möglichkeitskorridore für Organisationen, ihren Mitarbeiter/inne/n das Bewusstsein und die Bereitschaft unternehmerischer Sozialverantwortung und das damit verbundene moralische und ethische Verhalten über introspektive Bewusstseinsverfahren zu vermitteln" (Kohls et al. 2013, S. 171).

Im Fazit kann formuliert werden, dass eine Achtsamkeitspraxis dazu geeignet erscheint, das kognitive und soziale *Alignment* (Führungskräfte vs. Geschäftsstrategie und Stakeholdererwartungen) kohärent einerseits als Talk und andererseits als Action zu gestalten. Für Organisationen wird dabei der Weg beschrieben, der von einem Führungskräftetraining zur Entwicklung eines sozialen Bewusstseins und von da aus zu einem sozial verantwortlichen Handeln führt (vgl. Zollo et al. 2007, S. 69). Die Thematisierung von Achtsamkeit als Teil der organisationalen Wertekommunikation lässt sich unterscheiden in eine „Achtsamkeit in Organisationen" und in eine „organisationale Achtsamkeit".

Das Verständnis von *„Achtsamkeit in Organisationen"* ist durch Kohls et al. (2013, S. 163ff.) durch den Bezug zu den buddhistischen Weisheitslehren als direktes und nicht-wertendes Gewahrsein und durch Kabat-Zinns (2010) Mindfulness-Based Stress Reduction-Programm geprägt. Mit diesen Bezügen wird ein individuumorientiertes Verständnis von Achtsamkeitspraxis zum Ausdruck gebracht, bei dem das Individuum zurückgezogen meditiert und als grundsätzliche Lebenshaltung Achtsamkeit in der Begegnung mit der Welt praktiziert.

Mit Bezug auf die positiven Befunde zur Achtsamkeitspraxis in der Therapie und Gesundheitsprävention leisten Kohls et al. (2013, S. 165ff.) den Übertrag auf Führungskräfte und Mitarbeiter in Organisationen. Dabei geht es nicht nur um die Entwicklung einer

Achtsamkeitskompetenz für mehr Leistung, sondern um die Entwicklung einer authentischen am Gegenüber interessierten Führungskultur, denn:

> „Durch die Verzerrungseffekte der Eigenwahrnehmung wird in der Regel eine Kaskade von negativen Folgen ausgelöst, die durch achtsamkeits-basiertes Training verhindert oder zumindest partiell abgeschwächt werden können" (ebd.).

Eine achtsame Führungskultur kann einen Beitrag dazu leisten, die kognitiv-emotionale Selbstregulationsfähigkeit zu verbessern, spezifische Aspekte der Informationsverarbeitung und Entscheidungsfindung zu fördern, die Empathiefähigkeit zu erhöhen, das Interaktions- und Kommunikationsverhalten zu verbessern, aber auch die Entwicklung einer prosozialen, ethisch-moralischen Verhaltensweise zu unterstützen.

Das Konzept der *organisationalen Achtsamkeit* (vgl. Vogus & Sutcliffe 2012, S. 722; Weick & Sutcliffe 2006, S. 514) stellt demgegenüber zwar auch Bezüge zur individuellen Achtsamkeit her, bezieht sich aber wesentlich stärker auf eine westliche Perspektive nach Langer (1989). Der Hauptunterschied wird darin gesehen, dass die westliche Perspektive eher einen Bezug zu Beobachtertheorien und der Fähigkeit herstellt, Kategorien wahrzunehmen und Unterscheidungen zu treffen. Das Konzept schließt dabei Copingstrategien im Umgang mit Fehlern und Umweltveränderungen ein. Das Ziel der Übertragung einer individuellen Achtsamkeit auf eine organisationale Achtsamkeit kann in der Förderung einer Entscheidungsfähigkeit gesehen werden, indem eine klare Fokussierung auf gegenwärtige Phänomene in den Mittelpunkt gerückt wird (vgl. Vogus & Sutcliffe 2012, S. 724).

Diese Perspektive folgt als Managementkonzept unsicherer Umwelten (vgl. Becke 2011, S. 48) eher einer strategischen Funktion in einem Top-Down-Verständnis des strategischen bzw.

normativen Managements, um die Aufmerksamkeit in unsicheren Situationen zu lenken. Es geht um eine ausgedehnte Suche, die auch kontrafaktische Informationen einschließt. Die entscheidende Lücke dieses strategischen Ansatzes wird in der fehlenden Klarheit über die Operationalisierung in Form konkreter Verhaltensweisen auf der Team- und Abteilungsebene gesehen. Der Bottom-Up Ansatz des „mindful organizing" versucht daher, diese Lücke auf der operativen Ebene der sozialen Prozesse zu schließen. Es werden hier stärker organisationale Routinen sowie kulturell bedingte Verhaltensweisen und die individuelle Expertise der „Frontkämpfer" aufgegriffen und analysiert (vgl. ebd. S. 725).

Der Fokus auf Achtsamkeit stellt dazu ein wichtiges Element für ein Lernen durch Veränderung dar. Grothe & Fröbel (2011, S. 77) zeigen anhand ihrer Forschungsergebnisse, dass eine nachhaltige Entwicklung eine *Führungsaufgabe* ist. Eine achtsame Führung, so kann in Anlehnung an Siegel (2007, S. 33ff) geschlussfolgert werden, dient als Treiber, um eine Sensibilität gegenüber Routinen zu fördern, die Kombinationen von Gegebenheiten zu ermöglichen und somit auch einen Umgang mit unerwarteten Ereignissen sicherzustellen. Eine derartige Achtsamkeit in Organisationen dient der Enkodierung von Kontexten, wobei nach Weick & Sutcliffe (2006, S. 514) nicht der Prozess des Encodierens im Vordergrund steht, sondern der Alltag als ökologische Schlüsselkategorie in den Fokus gerät (vgl. Stieß & Hayn 2006, S. 211):

> „What becomes more central are activities such as altering the codes, differentiating the codes, introspecting the coding process itself, and, most of all, reducing the overall dependence on coding and codes."

7 Begleitforschung: Untersuchungsgegenstand und Samplingentscheidung

Im Rahmen der sozialökologischen Feldforschung wurden Führungskräfte und Mitarbeiter in Bezug auf ihre Wahrnehmungen, Einstellungen und Haltungen zu ihrem Umgang bezüglich Achtsamkeit und Nachhaltigkeit interviewt, um die Möglichkeiten einer psychosozialen Innovation gegen ein *„doing-continuity"* (Keddi 2011, S. 69ff.) der Unternehmen gegenüber ihren Mitarbeitern und der Mitarbeiter gegenüber sich selbst zu untersuchen.

Die qualitative Untersuchung erscheint in Anlehnung an Schilling (2001, S. 145) als notwendiger Schritt der Strukturierung, da die subjektiven Führungstheorien in Unternehmen überwiegend auf die organisationalen Ergebnisse und Wirkungen, einschließlich der darauf bezogenen Mitarbeitereinstellungen und –befindlichkeiten, abzielen. Es dominiert ein betriebswirtschaftliches Denken. Die hier vorgestellte Untersuchungsmethode wird in Anlehnung an Schirmer (2000, S. 206) demgegenüber als *empirisch gestützte Bezugsrahmenforschung* verstanden: Der Bezugsrahmen ist eine Erklärungsskizze, die in Ermangelung eines ausgearbeiteten und geschlossenen Verständnisses von Achtsamkeit in organisationalen und institutionellen Kontexten den theoretischen Lücken des Erkenntnisgegenstandes konzeptionell und empirisch fundiertes Orientierungswissen gegenüberstellt.

Auf diese Weise können theoretische Kategorien in Auseinandersetzung mit der Wirklichkeit empiriegestützt entwickelt werden, wodurch ein konzeptioneller Fortschritt erzielt werden soll. Somit sollen akteursorientierte und managementorientierte Perspektiven näher zusammengebracht werden, um Konzeptlücken zu schließen und einen Beitrag zur erziehungswissenschaftlichen Klärung kollektiver Phänomene innerhalb des Konzeptes der nachhaltigen Entwicklung zu leisten. Zweck ist es, neuralgische Punkte zu identifizieren und die gesammelten Erkenntnisse zu beschreiben und zu bewerten, um so eine Grundlage für Entscheidungen innerhalb der Unternehmen zu schaffen – sozusagen als Vorstufe zur Bewältigung organisationaler Zukunft.

Die Forschungsmethode der *Dialoginterviews* nach Scharmer (2009, S. 143ff.) können dafür als Zwischenglied verstanden werden, bei dem es darum geht, die verschiedenen Erfahrungsebenen – Subjekt, Team, Organisation (vgl. Becke 2008, S. 337) - in Bezug auf das Untersuchungsthema zu behandeln. Die Gespräche dienen einem Perspektivenwechsel innerhalb bestehender Strukturen (vgl. Jung et al. 2000, S. 129), die das Verhalten der Personen maßgeblich beeinflussen. Dialoginterviews können als Form der *Kulturanalyse* verstanden werden:

> „Der Zweck einer Kulturanalyse ist nicht, kulturelle Praktiken daran zu messen, wie sie sein sollen oder angeblich einmal waren, sondern zu verstehen, wie sie zu dem wurden, was sie sind, und warum sie als das, was sie sind, für die Menschen >>etwas leisten<" (Illouz 2011, S. 17).

Die Kulturanalyse dient in diesem Sinne dazu, dysfunktionale Praktiken aufzuzeigen und Lösungsmöglichkeiten veränderter Verhaltens- und Handlungsweisen zu identifizieren. Die Dialoginterviews ermöglichen es, den Deutungsraum durch einen „focal-issue-identification process" (Kets de Vries 2006, S. 228) zu erschließen. Dieser beschreibt die Vorgehensweise einer Critical-Incident Methode, um bessere Ursache-und Wirkungseffekte zu rekonstruieren. Der Vorteil von Dialoginterviews kann darüber hinaus darin gesehen werden, dass sie nicht ausschließlich zur Datenerhebung für die Forschung, sondern selbst als eine Art soziale Intervention, dienen. Sie unterstützen die Interviewten dabei, Gestaltungsmöglichkeiten in ihrer eigenen Praxis identifizieren zu können und wahrzunehmen, dass die eigene Perspektive einen wesentlichen Einfluss darauf hat, ob ein Sachverhalt positiv oder negativ eingeschätzt wird. Die Gespräche dienen einem *Perspektivenwechsel,* indem eine Kombination von bisherigen Erfahrungen und Erlebnissen mit zukunftsgerichteten Träumen, Visionen und konkreten Handlungsvorschlägen stattfindet (vgl. Jung et al. 2000, S. 126f.). Mit den Dialoginterviews wird aber auch ein Blick auf die Strukturen des Sozialsystems gerichtet.

> „Der Strukturbegriff verweist darauf, dass die Selektionen, die eine Lebenspraxis vornimmt, nicht beliebig sind und nicht zufällig variieren. Die Selektion selbst folgt einer Struktur. Und erst ihre Strukturiertheit verleiht der Lebenspraxis ihre Identität" (Wernet 2006, S. 15).

Unter Bezugnahme auf das regelgeleitete Verfahren der Inhaltsanalyse und der Grounded Theory kann herausgestellt werden, dass empirisch generierte Daten in Textform (Interviewtranskripte) als ein Ausdruck sozialer Handlungswahrscheinlichkeiten aufgefasst werden können. Hinter jedem Text verbirgt sich ein Fall, der bestimmten Regeln und ihren Anschlusswahrscheinlichkeiten innerhalb des sozialen Systems folgt. Handeln und Veränderung kann daher als regelgebunden verstanden werden. Aktivitäten und Nichtaktivitäten folgen einer Strukturlogik, die sich selbst reproduziert. Mit Hilfe der qualitativen Inhaltsanalyse lassen sich reproduzierte Bedeutungsstrukturen explizieren, die als eine Praxis des Sozialen das Verhalten bestimmen und nicht beliebig sind.

Die Dialoginterviews dienen dabei als Forschungslandkarte zur Orientierungshilfe in der Gesprächsführung und in der anschließenden Gesprächsauswertung. Das Ziel der Auswertung ist dabei, Gemeinsamkeiten und Unterschiede sowie Verbindungen innerhalb der Interviews und zwischen den Interviews herauszuarbeiten, indem diese als Schlüsselkategorien verdichtet werden.

Die Dialoginterviews beziehen sich auf ein *Forschungsteilprojekt* der Kalapa Acadamy (Leitung Chris Tamdjidi) und der Ludwig-Maximilians-Universität (Leitung PD Dr. Niko Kohls) *„Belastbarkeit und Achtsamkeit im Unternehmensalltag"* (http://www.

kalapaacademy.de). Das Projekt umfasst ein dreimonatiges Angebot eines Achtsamkeitstrainings in acht Modulen mit verschiedenen achtsamkeitsrelevanten Inhalten wie zum Beispiel Übungen der Sitz- und Gehmeditation oder der achtsame Umgang im Team in der Gestaltung des Arbeitsalltages und in Besprechungen. Das Training ist unternehmensnah konzipiert und zeichnet sich dadurch aus, dass viele Themen von einem Team aus Führungskräften und Mitarbeitern vor Ort erarbeitet, reflektiert und in Bezug auf konkrete Situationen im Unternehmen bearbeitet werden.

Termin	Ort	Zeit	Ziel	Inhalt	Methoden
Kick-off	Intern	2 Std	Einführung	Neurophysiologie des Gehirns Was ist Achtsamkeit?	Achtsamkeits-Meditation Body Scan
Tag 1	HSH	8 Std	Vertiefung	Achtsamkeit und Neurophysiologie Stress und Achtsamkeit	Achtsamkeits-Meditation Achtsam-gehen Body Scan
Modul 1	Intern	2,5 Std	Stressabbau/ Produktivität	Neurophysiologische Muster beim Arbeiten (Your Brain at work)	Achtsamkeit und Multi-tasking Achtsamkeits-Routinen
Modul 2	Intern	2,5 Std	Stressabbau/ Produktivität	Neurophysiologie der Emotionen	Achtsamer Umgang mit Emotionen Achtsamkeit beim Sport
Modul 3	Intern	2,5 Std	Stressabbau/ Produktivität	Flow und Zeitmanagement	Achtsamkeit im Arbeitsalltag Achtsames E-Mailing
Modul 4	Intern	2,5 Std	Stressabbau/ Produktivität	Spiegelneuronen und Kommunikation	Achtsame Dialoge
Modul 5	Intern	2,5 Std		Review	
Modul 6	Intern	2,5 Std	Freude/Zusammenarbeit	Neurophysiologie der Freude Arten von Freude	Journal
Modul 7	Intern	2,5 Std	Freude/Zusammenarbeit	Vertrauen und Dialoge in Teams Teamarbeit	Achtsamkeit im Team
Modul 8	Intern	2,5 Std	Selbst-Führung und Führung	Neurophysiologie der emotionalen Intelligenz u. Führung	Achtsame Wahrnehmung und Entscheidungen Umgang mit Konflikten
Abschluss	HSH	8 Std	Vertiefung	Review	

Abbildung 6: Inhaltsübersicht – dreimonatiges Achtsamkeitstraining
Quelle: Kalapa Acadamy & GRP o.J., S. 4

Anhand der Dialoginterviews erfolgt eine exemplarische Analyse zur Umsetzung der ökologischen Transformation in den Unternehmen (Wer lernt wie?) am Thema Achtsamkeit, da Achtsamkeit als Grundsäule für die Verantwortung für Nachhaltigkeit gesehen wird (vgl. WBGU 2011, S. 2). Mit Hilfe dieser

Methode soll in Erfahrung gebracht werden, wie die Führungskräfte und Mitarbeiter in Unternehmen mit Blick auf die Dimensionen (Module) des Achtsamkeitstrainings Nachhaltigkeit und den Umgang mit sich selbst und mit ihren Mitarbeitern erleben und in ihre Unternehmensrealität implementieren. Innerhalb dieses Erlebens kommt es darauf an, eine Strategieexplikation im Sinne eines kollektiven Lernprozesses zu ermöglichen. Dazu werden nach Scharmer (2009, S. 144; 2013; 2014) *sieben Fragebereiche* bearbeitet (vgl. ausführliche Darstellung Anhang 13.1):

1. Was ist die Geschichte?
2. Was ist die Erfahrung?
3. Wo kommt die Gefährdung her?
4. Welche tiefer liegenden Ursachen lassen Gefährdung sowie Balance (persönliche Nachhaltigkeit) entstehen?
5. Wo kommt die Balance her?
6. Was ist der Traum, der Weg nach vorne?
7. Welche konkreten Schritte sind zu gehen?

In der Interviewdurchführung findet dazu ein Perspektivenwechsel von der persönlichen Situation zur Situation im Team bis hin zur Organisation statt. Das Ziel dieser Untersuchung ist die Entwicklung einer *„Roadmap für Achtsamkeit im Unternehmensalltag"* (vgl. Prescher 2015, S. 84ff.). Diese Roadmap dient im Rahmen der sozialökologischen Bildungsforschung als Impulsgeber für die Formulierung eines theoretischen Beitrages zur ökologischen Transformation von Unternehmen. Für das Stichprobensampling wurde ein „Extremgruppendesign" gewählt, das sowohl positive als auch negative Umsetzungsstrategien zum Gegenstand der Betrachtung gemacht hat (vgl. Kaiser et al. 2001, S. 90). Im Rahmen der Interviewstudie wurden insgesamt 19 Interviews mit fünf Unternehmen ca. ein bis drei Monate nach Trainingsende durchgeführt. Die Interviewpartner waren Führungskräfte der Team- bis Bereichsleiterebene, wobei darauf geachtet wurde, dass diese aus unterschiedlichen Unternehmensbereichen wie zum

Beispiel Stab, Service, Produktion und Entwicklung kommen. Die Unternehmen selbst gehören unterschiedlichen Unternehmensarten an und sind entweder Produktionsunternehmen mit diversen Standorten oder auch dezentral organisierte Filial-und Dienstleistungsunternehmen.

Unternehmen	Unternehmensart	Anzahl Interviews
I Unternehmen für Drogeriebedarf	Filialisiertes Handelsunternehmen mit Zentrale	4 Interviews = 1 x Bereichsleiter = 3 x Teamleiter
II Unternehmen für Prozessautomatisierung	Unternehmen mit Schwerpunkt technologieorientierte Entwicklung	4 Interviews 2 x Hauptabteilungsleiter 1 x Teamleiter 1 x Mitarbeiter für Organisationsentwicklung
III Unternehmen für Produktion metallverarbeitender Industrie	Produktionsunternehmen als Zulieferer der Automobilindustrie	4 Interviews 1x Abteilungsleiter EDV 1 x Mitarbeiter Zentralfunktion Corporate Controlling 1 x Mitarbeiter betriebliche Sozialberatung 1 x Personalreferent
IV Unternehmen für Reifendienste	Filialisiertes Handelsunternehmen mit Zentrale	2 Interviews 1 x Qualitätsmanagement-beauftragter 1 x Mitarbeiter Öffentlichkeits-arbeit
V Unternehmen der chemischen Industrie	Unternehmen für Ressourceneffizienz, Materialien, Nahrungsmittel und Gesundheit	4 Interviews 1 x Vertriebsleiter 1 x Abteilungsleiter IT 1 x Abteilungsleiter 1 x Produktionsleiter

Abbildung 7: Übersicht Stichprobensampling Dialoginterviews

8 Dialoginterviews als Forschungsmethode: Untersuchungsablauf und Qualitative Datenauswertung:

Die Untersuchung ist in fünf Schritten (vgl. Abb. 8) angelegt und die erhobenen Daten werden mit Hilfe eines kombinierten Verfahrens der qualitativen Inhaltsanalyse und der Grounded Theory ausgewertet.

Abbildung 8: Untersuchungsablauf

Die durchgeführten Dialoginterviews wurden aufgezeichnet, anschließenden transkribiert und mit Hilfe des Programms MaxQDA (Release 11.1.2) analysiert. Das Ziel der Analyse ist eine *Typenbildung* als ein Set sozialer Handlungs- und Einstellungsmuster, welche eine besondere Relevanz zur Entwicklung eines theoretischen Beitrages zum Thema Achtsamkeit im Unternehmensalltag und einem möglichen pädagogischen Veränderungskonzept haben (vgl. Lamnek 1995, Bd. 2, S. 213ff.). Eine Analyse latenter Sinnstrukturen oder emotionaler und kognitiver Befindlichkeiten, wie es beispielsweise im Rahmen der objektiven Hermeneutik verfolgt wird, findet in der vorliegenden Untersuchung nicht statt. Der Schwerpunkt der Analyse richtet sich vielmehr auf die Themen innerhalb der Texte (vgl. Mayring 1993, S. 50).

Bei der eigentlichen Datenanalyse wurde die Form des *theoretischen Kodierens* verwendet, was ein *offenes Kodieren*, ein *axiales Kodieren* und ein *selektives Kodieren* miteinander verbindet. Flick (1995, S. 197) beschreibt: „Theoretisches Kodieren ist das Analyseverfahren für Daten, die erhoben wurden, um eine gegenstandsbegründete Theorie zu entwickeln." Zur Entwicklung von einigen *Kern- bzw. Schlüsselkategorien* (vgl. Strauss 1994, S. 65ff.) ist der Prozess des Kodierens iterativ angelegt, d.h. er wird in sich wiederholenden Schritten vollzogen. Zunächst werden beim *offenen Kodieren* die Programme und die transkribierten Texte mit Hilfe der Audiodateien gelesen, um einen Gesamteindruck zu erhalten, die Gliederung zu rekonstruieren und Verläufe und Bezüge identifizieren zu können (vgl. Bohnsack 1999, S. 149). Dabei wird der Text bereits aufgebrochen und einzelne Worte, Wortgruppen, Sätze und Absätze markiert. Diese Textteile stellen die Grundlage für die Kodierung dar, da diese den Codes zugeordnet werden. Die Kodierung erfolgt nach dem *Prinzip der Trennschärfe* (maximale Unterschiedlichkeit zwischen den Codes) und dem *Prinzip der analytischen Struktur* (inhaltliche Aussagekraft und Konsistenz innerhalb der Codes).

Beim *axialen Kodieren* findet eine Bereinigung der Codes statt und die bestehenden Codes werden verdichtet. Die Verdichtung erfolgt durch eine Anreicherung der Codes durch weitere Textstellen aus dem Datenmaterial. Das Vorgehen erfolgt beim axialen Kodieren immer wieder im Zusammenspiel mit einem offenen Kodieren. Auf diese Weise soll der analytische Blick für eine weitere *induktive Kategorienbildung* offengehalten werden und gleichzeitig eine *deduktive Kontrolle* des Materials anhand zuvor entwickelter Codes und Kategorien erfolgen. Das *paradigmatische Modell* (vgl. Strauss & Corbin 1996, S. XIII) diente dabei für die Dialoginterviews als Ausgangspunkt und Grundgerüst, um im Rahmen des axialen Kodierens ein höheres Abstraktionsniveau in der Kategorienbildung zu erhalten. Nach diesem Kodierparadigma werden die Kausal-bedingungen, das eigentliche Phänomen, der Kontext, beobachtbare bzw. beschreibbare Handlungs- und interaktionale Strategien und Konsequenzen bzw. Wirkungen unterschieden.

1. *Kausalbedingungen*: Unter Kausalbedingungen können die Ursachen gefasst werden, die zu einem Phänomen geführt haben.
2. *Phänomen*: Diese Kategorie beinhaltet Eigenschaften und Dimensionen des Untersuchungsgegenstandes aus Sicht der Interviewpartner. Phänomenologisch geht es darum, einerseits dazugehörige Ereignisse und das Geschehen sowie andererseits damit im Zusammenhang stehende Handlungen und Interaktionen näher zu beschreiben.
3. *Kontext*: In dieser Kategorie werden nach Strauss & Corbin (1996, S. 75) die intervenierenden Bedingungen zusammen-gefasst, die zu einem Phänomen als Rahmung dazugehören und dieses beeinflussen bzw. moderieren.
4. *Handlungsstrategien und interaktionale Strategien*: Phänomene sind meist in ein Set von Kommunikationen und Interaktionen eingebettet. Subjekte reagieren auf ein Phänomen bzw. müssen mit einem Phänomen umgehen. Darin beobachtbare und beschreibbare Strategien sind meist prozessual angelegt, wodurch der Bezug zu einem

sozialen Gefüge als Interaktionsgeflecht mehrerer Beteiligter hergestellt und analysiert werden kann.

5. *Konsequenzen*: Handlungen und Interaktionen führen zu einer Wirkung. Diese Wirkungen stehen im Zusammenhang mit dem untersuchten Phänomen, können aber auch auf neue Phänomene verweisen.

Im dritten Schritt wird das axiale Kodieren als *selektives Kodieren* auf eine höhere Abstraktionsebene gehoben. Das Ziel dieses Kodierschrittes ist die Entwicklung einiger weniger Schlüssel-kategorien mit entsprechenden Subkategorien (Codes) (vgl. Wiedemann 1995, S. 444). Sie sind die Basis des theoretischen Modells. Eine Kernkategorie ist dadurch gekennzeichnet, dass sich viele Codes und Textstellen unter dieser Kategorie clustern lassen. Die Eignung von Kernkategorien lässt sich danach bestimmen, ob zahlreiche Textstellen dafür gefunden werden können und die Codierung systematisch nach ihr erfolgen kann. Die Kernkategorien dienen auch als Kontrollinstanz für den Kodierprozess. Führen neue Fälle entlang der gefundenen Kernkategorien nicht zu neuen Konzepten und Erkenntnissen, sondern bestätigen diese ausschließlich, so liegt eine *theoretische Sättigung* vor, nach der die weitere Aufnahme von Fällen beendet werden kann. Für die Dialoginterviews wurden alle erhobenen Interviews ausgewertet.

9 Auswertungsergebnisse der Dialoginterviews: Achtsame Führung für ein mikropolitisches Lernen durch Veränderung

Unternehmen bewegen sich mit ihren Wertprinzipien im ökonomischen Feld. Eine Veränderung der Kultur und Werte, aber auch die Veränderung von Formen der sozialen Organisation und des Zusammenwirkens orientieren sich an diesem Horizont. Um dem Anliegen einer Veränderung und Transformation für eine nachhaltige Entwicklung Rechnung tragen zu können, soll im Folgenden der Fokus der Untersuchung als sozialökologische Entwicklungs- und Bildungsforschung verändert werden. Im Rahmen der Analyse der Teiluntersuchung „Belastbarkeit und Achtsamkeit im Unternehmensalltag" werden dazu die Individuen in ihrer Umwelt, die Strukturen der Arbeits- und Lebensbereiche in den Unternehmen und die Prozesse, die in und zwischen ihnen ablaufen, in den Fokus gerückt, da diese als voneinander abhängig angesehen werden (vgl. Bronfenbrenner 1981, S. 59).

Damit scheint es möglich, Daten über Personen in Beziehung zu anderen Personen und ihrer aktiv tätigen Umwelt zu erheben. Mit der Untersuchung soll ein Beitrag dazu geleistet werden, für das Thema der nachhaltigen Entwicklung im Rahmen einer *sozialökologischen Systemforschung* ein neues Bild mit neuen dynamischen Entwicklungsmöglichkeiten in der Gestaltung zu entwerfen. Die sich über die existierenden Beziehungen ergebenden Erkenntnisse können neue Einsichten über Entwicklungsveränderungen eröffnen.

Der Zusammenhang aus *Nachhaltigkeit und Achtsamkeit* ergibt sich dabei aus der Bezugsformulierung des „Umgangs mit...". Während sich Nachhaltigkeit auf einen vernünftigen Umgang mit der natürlichen Umwelt als Lebensgrundlage bezieht, meint Achtsamkeit den vernünftigen Umgang mit der Wirklichkeit. Achtsamkeit kann so als ein Paradigma des Verhältnisses des Menschen zu sich selbst und des Verhältnisses zur Natur gesehen werden (vgl. Boff 2011, [2ff.]). Achtsamkeit bringt so gesehen die innere Haltung des Subjekts zum Ausdruck, die von einem kritischen Denken und achtsamen Handeln geprägt ist und als die Grundbausteine einer „wertvollen Bildung" im Sinne einer werthaltigen und zeitgemäßen Bildung angesehen werden können (vgl. Lenz 2011, S. 9).

Ziel dieses Kapitels ist es im Sinne dieses Anliegens, die Ergebnisse der qualitativen Forschung zu beschreiben und zu interpretieren. Die Beschreibungen und Interpretationen sind für diesen Zweck eng miteinander verzahnt. Die Kenntnis, wie die Interviewpartner Achtsamkeit im Kontext ihrer Organisation beschreiben und in welchen Facetten sie bei ihnen repräsentiert ist, ist eine wichtige Grundlage für das Verständnis einer abzuleitenden Nachhaltigkeits-strategie. Ein wichtiger Aspekt ist dafür in der individuellen und kollektiven Identitätskonstruktion zu sehen, da sich hieraus entscheidende Vergleichsdimensionen ergeben (vgl. Tajfel 1982, S. 101ff.). Bei der Auswertung der Interviews zeigte sich, dass die Interviews aus drei Perspektiven betrachtet werden müssen:

- Die interviewte Person auf sich selbst.
- Die interviewte Person auf unterstellte bzw. gleichgestellte Mitarbeiter und Kollegen.
- Die interviewte Person im Kontext ihrer übergeordneten Führung.

Dies zeigt sich insbesondere in den Beschreibungen zur Gestaltung und Lösung von als problemhaltig wahrgenommenen Situationen, die genutzt werden, um sich selbst zu positionieren. Insofern kombiniert dieses Kapitel die theoretischen Annahmen eines systemischen Verständnisses der nachhaltigkeitsorientierten Kompetenzentwicklung mit der konkreten Beschreibung von Achtsamkeit im Unternehmensalltag.

Die Struktur und der Schwerpunkt der folgenden Darstellung orientiert sich an den Hauptkategorien, die die Analyse der Dialoginterviews ergeben hat. Diese stehen im direkten Zusammenhang mit der Frage nach der Erkundung, Dimensionierung und Interpretation von Achtsamkeit im Kontext des Verständnisses nachhaltiger Kompetenzentwicklung. Dabei liegt der Fokus auf dem Zusammenspiel soziokultureller Aspekte in nachhaltigkeitsorientierten Settings und Communities sowie deren handlungstheoretischen Konsequenzen einer Strategieentwicklung.

In der Bildung des Kategoriensystems wurde darauf geachtet, dass dieses aus Typen zusammensetzt ist, die eine möglichst hohe interne Homogenität und eine möglichst hohe externe Heterogenität aufweisen (vgl. Kluge 2000, [2]). Der *Typologie* „[...] liegt dementsprechend ein Merkmalsraum zugrunde, der sich durch die Kombination der ausgewählten Merkmale bzw. Vergleichsdimensionen und ihrer Ausprägungen ergibt" (Kluge 2000, [3]). Der Merkmalsraum kann sich dabei auf das Phänomen beziehen oder aber auf den Merkmalsträger.

Die Darstellung der Ergebnisse wird jedoch nicht fallbezogen erfolgen. Im Rahmen der Ergebnisdarstellung werden die Hauptkategorien mit ihrer jeweiligen Gliederungsebene in Form einer Tabelle präsentiert. In Abbildung 9 werden zunächst die Hauptkategorien dargestellt, die sich aus den Einzelinterviews in einem *induktiv-deduktiven Analyseverfahren* ergeben haben. In den weiteren Tabellen werden diese Kategorien noch differenzierter mit ihren Unterkategorien dargestellt. Auf diese Weise ist eine Visualisierung der Untersuchungsergebnisse gegeben, so dass im vorliegenden Kapitel keine ausschließlich deskriptive Darstellung der Ergebnisse erfolgt. Bei der Darstellung erfolgt vielmehr parallel eine Diskussion und Interpretation der Zusammenhänge, um die gefundenen Erkenntnisse direkt in Beziehung zum Untersuchungsziel zu setzen. Im Folgenden erfolgt daher eine Zusammenfassung der Ergebnisse auf einer höheren Aggregation, um die Unterschiede zwischen den Hauptkategorien herauszufiltern und damit Überschneidungen auszuschließen. Diesen Hauptkategorien sind dann Subkategorien und Kodes zugeordnet, wobei diese dazu dienen sollen, die Ergebnisse anhand von Ankerbeispielen zu veranschaulichen. Zur Kennzeichnung der Interviewquelle werden für eine Nachvollziehbarkeit der Aussagen zur Zitation „Teilnehmendes Unternehmen, Interviewte Person, Zeilennummer" aus der „MaxQDA-Übersicht der Codings" angegeben, z.B. (I-4, Z. 164.). Die teilnehmenden Unternehmen werden folgendermaßen nummeriert:

- I Unternehmen für Drogeriebedarf
- II Unternehmen für Prozessautomatisierung
- III Unternehmen für Produktion metallverarbeitender Industrie
- IV Unternehmen für Reifendienste
- V Unternehmen der chemischen Industrie

Abbildung 9: Kategoriensystem einer „Achtsamkeit im Unternehmensalltag"

9.2 Phänomen und Gegenstand von Achtsamkeit: Handlungs- und Erfahrungsebenen zur Entwicklung von Achtsamkeit in Organisationen

Nach Bonfenbrenner (1981, S. 37) befasst sich die Ökologie der menschlichen Entwicklung mit dem Zusammenspiel des Menschen in seinem Denken und Handeln zu seiner unmittelbaren Umgebung, die als Lebensbereich beschrieben wird. Dabei wird ein *Modell kaskadischer Lebensbereiche* entworfen, die im Kapitel 5 als die Ebenen des Subjekts (Mikroebene), die Ebenen der Interaktion und des sozialen Kontextes wie einer Organisation (Mesoebene) sowie die Gesellschaft mit ihrer Kultur und Tradition (Makroebene) unterschieden wurden. Diese Systemebenen dienen der vorliegenden sozialökologischen Bildungsforschung als Orientierung (vgl. Pohl 2005, S. 245). Sie geben einen Hinweis darauf, dass bei der nachhaltigen Entwicklung von Unternehmen verschiedene Ebenen zu berücksichtigen sind.

Entsprechend des Mehrebenenmodells soll im folgenden Kapitel die Frage verfolgt werden, welche Ansätze bestehen, die Wünsche und Bedürfnisse der Mitarbeiter über ihre Lebens- und Arbeitsweise in organisationalen Kontexten zu berücksichtigen. Die Kategorie „Phänomen und Gegenstand von Achtsamkeit" zeigt mit ihren Subkategorien, dass ein sozialökologisches Lernen eine Handlungspraxis und vor allem eine gemeinsame Handlungspraxis benötigt. Dieses Lernen kann in Anlehnung an Becke et al. (2001, S. 72ff.) als ein *gemeinsamer Aushandlungsprozess* innerhalb eines gemeinsamen Erfahrungsraumes beschrieben werden, in den die Erwartungen, Wünsche, Bedürfnisse der Beteiligten einfließen können und sollten.

Prozesse der nachhaltigen Entwicklung sind dazu eng mit sozialen Lernprozessen verbunden, weshalb sich die innerbetrieblichen Arbeitsbeziehungen als wichtiger Gegenstand für eine sozialökologische Praxis darstellen. Die Akteure müssen mit den gesellschaftlich etablierten Nachhaltigkeitsanforderungen und ihren individuellen sozialen Praktiken, Handlungsroutinen, Anerkennungsstrukturen usw. konfrontiert werden und über diese in einen Diskurs treten. In diesem Sinne stellt sich das Rahmenthema Achtsamkeit als eine Plattform für ein organisationales Lernen dar, das auf unterschiedlichen *Handlungs- und Erfahrungsebenen* rekonstruiert werden kann:

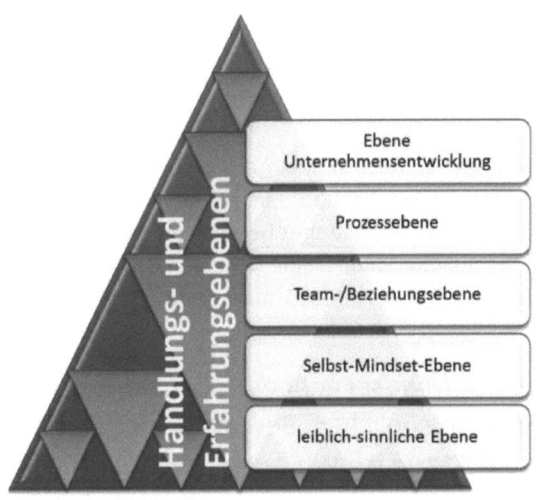

Abbildung 10: Achtsamkeitsrelevante „Handlungs- und Erfahrungsebenen in Organisationen"

Die beiden untersten Ebenen mit der **leiblich-sinnlichen Dimension** und der **Selbst-Mindset-Dimension** von Achtsamkeit können als naheliegende Kategorien gefasst werden. Achtsamkeit wird hier durch die Interviewpartner als eine körperliche Übungspraxis wahrgenommen (I-2, Z 36), die das körperliche Wohlbefinden zu steigern hilft, wie der Interviewpartner V-2 (Z. 37) formuliert:

> „Ist ja auch schon was, verspannen, entspannen, Meditation."

Naheliegend erscheinen diese beiden Dimensionen, weil Achtsamkeit durch Becke (2011, S. 101) häufig als Instrument beschrieben wird, um der psychophysischen Erschöpfung vorzu-beugen. Die **leibliche Dimension** wird dafür insbesondere als ein körperliches Innehalten (I-1, Z. 91) beschrieben, bei dem es darum geht, die Dinge bewusst wahrzunehmen (II-1, Z. 7) und die Körper-wahrnehmung als ein wichtiges Element dafür zu sehen (V-2, Z. 64). Achtsamkeit erscheint als eine Art „Reflexionsstopp" (V-1, Z. 17f.), um die Aufmerksamkeit bewusst auf sich und/oder die Situation zu lenken. Achtsamkeit wird aber auch als mehr, als nur Meditation im engen Sinne, d.h. als in Stille sitzen, beschrieben. Sie wird auch als

43

ein umfassender Mindset (II-1, Z. 3) und eine Lebenshaltung bzw. Lebenseinstellung, bei der es um eine grundsätzliche Veränderung von Gewohnheiten und Mustern geht (I-2, Z. 56):

> „Achtsamkeit ist für mich nur ein einzelnes Element in der gesamten Lebenseinstellung. Also ich hab´ mich dann in der Folge in der Zeit auch mit buddhistischen Gedankengut beschäftigt. Und wenn ich jetzt in den Buddhismus reingehe, dann ist die Achtsamkeit oder die Meditation, die Achtsamkeitsmeditation einfach nur erst mal ein Instrument auf sein Inneres zu hören" (I-2, Z. 19).

In der Dimension des *Mindset* geht es neben der körperlichen Frage um die Frage des persönlichen Bewusstseins für sich und seine Umwelt, für das „WAS tue ich WIE" und „wie fühle ich mich dabei". Achtsamkeit erscheint dabei weniger als eine Praxis des Tuns, sondern mehr als eine Haltung des Loslassens, des Sein-Lassens: (I-1, Z. 21f). Das Bewusstsein steht dabei einerseits für eine Fokussierung und anderseits für das Ausblenden nicht relevanter Aspekte (I-3, Z. 11). Insgesamt geht es um Konzentration (III-1, Z. 14f.). Nach Kabat-Zinn (2010, S. 87) kann Achtsamkeit im Sinne von Meditation weniger als eine Methode verstanden werden, sondern mehr als ein Weg des Alltags, bei dem Achtsamkeit und Konzentration miteinander verbunden werden.

> „Es hat sehr viel mit Fokus zu tun, also einer Fokussierung/Ausblendung von allem, was um einen herum passiert. Das ist eine Betrachtung von etwas, was einem im Moment als wesentlich erscheint. Es ist gleichzeitig ein Zur-Ruhe-kommen und der Versuch, eine Klarheit zu erlangen in einem bestimmten Fokus und gleichzeitig eine Unaufgeregtheit zu erzeugen für einen selbst. Dieser Versuch bei sich selbst eine bestimmte Haltung in dem Moment zu erzeugen bringt auch mit sich, dass ich auf andere Personen und mit anderen Themen auf diese Weise sehr gut umgehen kann. Also mit Klarheit, Unaufgeregtheit, Fokussierung, das wären die Worte die ich dafür verwenden würde" (I-3, Z. 11).

Wichtig ist nach Kohls et al. (2013, S. 172), dass die Grundhaltung authentisch gelebt wird, weil die Paradoxie von Achtsamkeit darin zu sehen ist, dass sie nicht wirkt, wenn sie nur als Instrument oder

Skill angesehen wird. Mit Blick auf die wahrgenommenen Unternehmensrealitäten steht Achtsamkeit daher für einen Kontrapunkt des verbreiteten Prinzips des Multitasking (V-2, Z. 44).

> „Da geht es ja letztlich auch darum, wie komme ich aus der Opferrolle raus. Also wie komme ich aus der Ohnmacht in die Eigenmacht anstatt mich aufzuregen über eine Situation, oder mich emotional fertig zu machen. Man sagt ja, ich schaffe das ja eh nicht, wie komme ich in eine Eigenmacht rein wo ich die Dinge auch einfach erfolgreich umsetze. Da haben wir eine ganze Menge gemacht. Da sind auch die Gruppenleiter mit eingebunden mittlerweile. [...] Es hat auch unseren Umgang miteinander ziemlich beeinflusst und ich denke, dass gerade dieses Achtsamkeitsthema, also, wenn man mal sagt ich schaffe es noch besser, mich persönlich zu steuern oder im Griff zu haben sozusagen" (II-4, Z. 61ff.).

Das Konzept der Achtsamkeit kann in diesem Verständnis auf eine *individuelle* und eine *organisationale Perspektive* bezogen werden. Becke (2011, S. 38) sieht in der Verbindung beider Elemente eine Möglichkeit zur Förderung organisationaler Selbstreflexion, weil individuelle Wahrnehmungsprozesse durch eine Steuerung der Aufmerksamkeit nach innen mit sozialen Kognitionen verbunden werden können. Über die Arbeit an sich selbst können so kollektiv geteilte Grundannahmen hinterfragbar werden.

> „Achtsamkeit wird hierbei als Antipode zu Unachtsamkeit (‚mindlessness'), d.h. verfestigten und dominanten mentalen Kategorien und Handlungsmustern (z.B. Gewohnheiten und Routinehandeln oder eingeschliffenen Wegen, Probleme zu lösen) von Individuen oder sozialen Gruppen gesehen, die in Bereichen des sozialen Lebens Probleme erzeugen [...]" (Becke 2011, S. 42)

Dementsprechend stellen sich die Kategorien der ***Team-/Beziehungsebene*** und der ***Prozessebene*** als Schlüsselelemente für eine Achtsamkeit im Unternehmensalltag dar. Gerade für die ***Beziehungsebene*** wird Achtsamkeit als Türöffner gesehen, um in einer „anderen" Art und Weise mit anderen in eine Beziehung zu treten (I-1, Z. 44). Achtsamkeit unterstützt dabei, die eigenen Bedürfnisse einschließlich ihrer Verletzungen klarer wahrnehmen

45

zu können (I-1, Z. 47) und nicht aus einer Verletzung heraus zu agieren. Achtsamkeit ermöglicht eine gewisse Distanz zu den eigenen unmittelbaren Reaktionsmustern (I-1, Z. 108). Als Teamachtsamkeit (I-2, Z. 284) bezieht sie sich in diesem Sinne unmittelbar auf den Umgang des Teams miteinander. Aus dieser Perspektive scheint ein *„Raum von Achtsamkeit"* auf, der im Spannungsfeld zwischen Individuum und der Gemeinschaft gesehen werden kann (I-4, Z. 138ff.), nämlich im Einklang von Egoismus und Beziehungsorientierung (III-4, Z. 30ff.). Egoismus ist in diesem Verständnis nicht ausschließlich negativ zu verstehen, sondern im Sinne eines Selbstschutzes und einer Selbstsorge auch positiv.

Aus Sicht einer Führungskraft werden in dieser Dimension auch Aspekte einer wertschätzenden Führung benannt:

> „Aber auch, dass sie mit ihren Problemen zu mir kommen und von mir Hilfe erfahren um sich dann selber auch zu helfen. Also da geht es auch um Wertschätzung. Da ist wiederum der Überlapp mit dem spirituellen Anteil. Also wenn ich jetzt die buddhistische Gedankenkultur da mit reinnehme, dann ist das da mit Wertschätzung und jedem Lebewesen seine Achtung entgegen zu bringen und dem auch in seiner Person oder in seiner Welt zu sehen" (II-2, Z. 27).

Auf dieser Ebene spielt Achtsamkeit damit eine entscheidende Rolle bei der persönlichen und gemeinsamen Lagebeurteilung, da ermöglicht wird zu erfassen, ob anstehende Probleme inhaltlicher oder persönlicher Natur sind. Diese können dann entsprechend kommunikativ adressiert werden (IV-1, Z. 20), indem berücksichtigt werden kann, was Anderen gut tut/täte und was aus der Situation heraus notwendig erscheint zu tun. Mit diesem Bezug auf Gemeinschaft wird in den Interviews noch deutlich, dass sich die Akteure in einem klaren Arbeitsbezug bewegen, der durch äußere Markt- und Sachzwänge beeinflusst ist. Eine zentrale Dimension wird daher in den **Prozessen** (II-1, Z. 21) gesehen. Diese betreffen die Gestaltung des eigenen Arbeitsalltages (III-1, Z. 76), die konkrete Arbeit und Zusammenarbeit (III-1, Z. 86) und damit die gesamten organisatorischen Themen in einem Team oder einer Abteilung (II-4, Z. 63). Es geht um eine achtsame Prozesseffektivität (V-2, Z. 144), Arbeitseffizienz, Arbeitsorganisation und Kundenausrichtung (I-3, Z. 110ff.). Eine Aufmerksamkeit für die Prozesse und eine Prozessveränderung kann hier als machtvolles Instrument für eine nachhaltige Entwicklung im Zusammenspiel mit der Team- und Beziehungsebene gesehen werden.

> „The most powerful instrument that leaders have is intervening to make process change. The phenomenon of process gain is real and significant, in that organizational change can be created on the basis of process change, but this is not overnight exercise" (Heijden et al. 2006, S. 84).

Dieses Zusammenspiel der verschiedenen Ebenen kann dann als eine Art *Verhaltensintervention* gesehen werden, bei dem das konkrete Arbeitsverhalten auf den Prüfstand genommen wird und als eine *Verhältnisintervention*, bei der die Ausgestaltung der Arbeitsorganisation nachhaltigkeitsförderliche Verhaltensweisen unterstützen helfen sollen (vgl. Becke 2009, S. 14ff.). Für das Thema Achtsamkeit im Unternehmensalltag beschreibt III-1 (Z. 87), dass diese äußere Seite eine größere Rolle spielt als die innere meditative Seite von Achtsamkeit.

> „Ich spüre gerade so einen Zirkelschluss. [...] Wenn wir jetzt mal Achtsamkeit und Prozessthemen gegenüberstellen und Prozessthemen in Effizienz führen, dann ist Effizienz etwas, was mit Fokus zu tun hat. Insofern lässt sich da der Kreis vielleicht schließen. Oder ist das jetzt vielleicht zu trivial?" (I-3, Z. 110ff.)

Effizienz erscheint in den Interviews dabei nicht nur als *ökonomisches Prinzip*, sondern auch als *Prinzip der Selbstentlastung* und Selbstorganisation, um sich an der Fülle der Aufgaben nicht aufzureiben. Wichtig ist, sich Freiräume zu verschaffen, um sich mit dem für eine Person Wesentlichen beschäftigen zu können (vgl. Abschn. 9.5). Hier spielt das Zielkriterium der Zufriedenheit und der Wertschöpfung eine wesentliche Rolle (II-4, Z. 60ff.):

„Aber es geht ja darum, wie können wir die Zusammenarbeit verbessern. [...] Einmal was bringt es dem Unternehmen und was bringt es dem Individuum für sein persönliches Wohlgefühl, oder wir könnten es auch Work-Life-Balance nennen" (II-4, Z. 65).

Mit dieser Perspektive verweisen die Interviewpartner auf eine übergeordnete Ebene der *Unternehmensentwicklung* bzw. Organisationsentwicklung (III-3, Z. 146ff.). Auf dieser Ebene bündeln sich die Bemühungen um das Thema Achtsamkeit und fügen sich zusammen (II-1, Z. 3). Im teilnehmenden Unternehmen ist die Unternehmensentwicklung beispielsweise als Stufenprozess (II-1, Z. 3) angelegt, der die vorhergehend beschriebenen Dimensionen als Basis der Unternehmensentwicklung beinhaltet. Stufe 1 ist Selbstorganisation, Stufe 2 Teamorganisation, Stufe 3 Schnittstellenorganisation und Stufe 4 die lernende Organisation (II-1, Z. 13).

Der zentrale Bezug ist für dieses Verständnis das Betriebsergebnis, d.h. die Wertschöpfung, die Qualität, Innovation und die Kundenorientierung (II-4, Z. 60ff.). In den Interviews wird insgesamt jedoch auch deutlich, dass andere teilnehmenden Unternehmen der Untersuchung den Entwicklungsprozess ihrer Organisation im Zusammenhang mit dem Thema Achtsamkeit keineswegs so systematisch betrachten (vgl. 9.6). Hier besteht der Eindruck, dass das Unternehmen II als Ausnahme gefasst werden kann. In Bezug auf die formulierte Forschungsfrage eröffnet es grundlegende Zusammenhänge eines Organisations- und Personalentwicklungsprozesses. Das Stufenverständnis nimmt dabei die Selbstentwicklung ebenso in den Blick, wie die persönlichen Ansprüche an eine zwischenmenschliche Zusammenarbeit und Prozessorganisation.

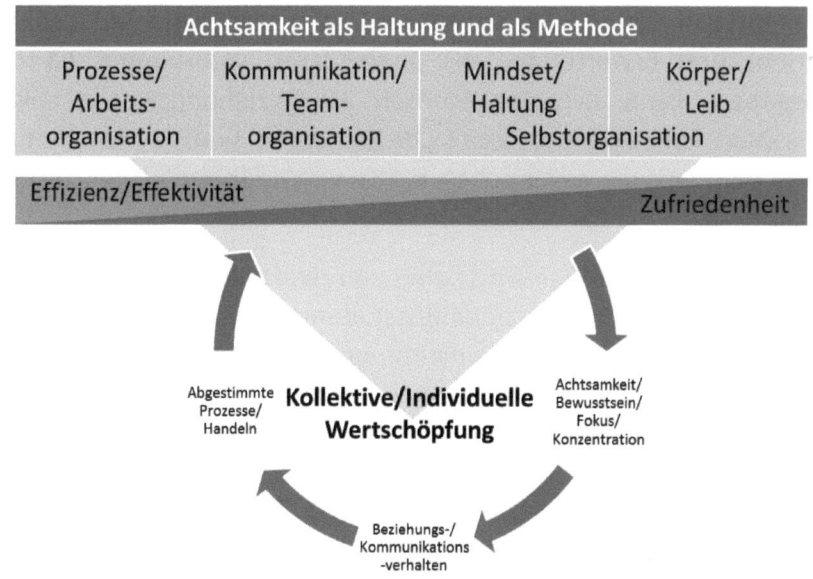

Abbildung 11: Säulen der Achtsamkeit für eine nachhaltige Unternehmensentwicklung

9.3 Notwendigkeit der Entsubjektivierung von Handlungspraktiken: Ursachen, Ziele und erwarteter Nutzen von Achtsamkeit in Organisation

Achtsamkeit wird als ein Ansatz zur Unterbrechung des Autopiloten beschrieben. Für den *Autopiloten* des menschlichen Seins wird häufig die Metapher des Busfahrers verwendet, in dem gefragt wird: „Who is realy driving your bus" (Henman 2003). Achtsamkeit kann in diesem Sinne als Übernahme der eigenen Verantwortung für das eigene Leben und als die Fähigkeit beschrieben werden, Entscheidungen entschlossen zu folgen. Das Steuer selbst im Bus zu übernehmen ist ein wesentliches Anliegen jeder Art von Achtsamkeitspraxis. Die Voraussetzung dafür wird in der Acht-samkeit gesehen, weil sie dabei unterstützt, eine emotionale Balance zu finden, Ängste zu reduzieren und das Denken für Alternativen zu öffnen (vgl. Siegel 2007, S. 2ff.). Als ökologisch bzw. nachhaltig im Verständnis von Gesundsein, wird dabei ein Mensch-Umwelt-Verhältnis angenommen, bei dem ein Mensch sein

49

Potential entfalten kann, die Umwelt als ansprechend und fordernd erlebt und Erwartungen als angemessen wahrnimmt. Ist dies gegeben, kann sich der Mensch als Beziehungswesen selbstwirksam konstruieren, denn: „Beziehungen sind das Medium, in welchem sich die psychischen Kräfte verwirklichen" (Willi 2008, S. 40).

Psychische Gesundheit wird daher von zwei Interessendimensionen in sozialen Beziehungen beeinflusst: dem wechselseitigen Interesse aneinander und dem übereinstimmenden Interesse an Tätigkeiten, Aktivitäten, Dingen usw. Dabei geht es nicht um Deckungsgleichheit, sondern um das Zeigen von Resonanz gegenüber dem Andern. In dieser Resonanz sind gemeinsame Entwicklungen möglich und damit echte Beziehungen. Mit den Kernkategorien *„Ursachen von Achtsamkeit"* und *„Ziele/erwarteter Nutzen von Achtsamkeit"* in Organisationen sollen die Faktoren aufgespürt werden, die die Entwicklung einer Kultur, welche der „inneren" Natur des Menschen gerecht wird, beeinflussen oder auch verhindern.

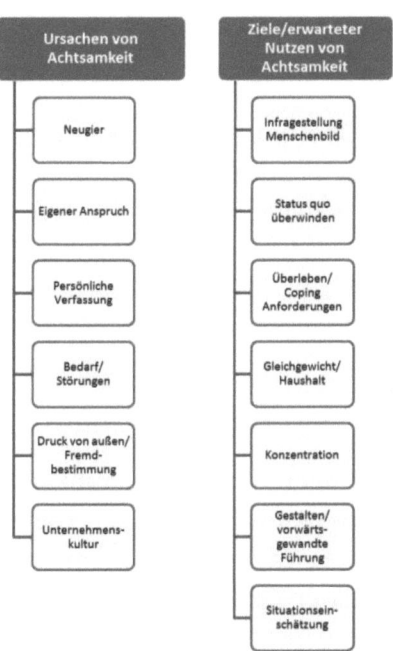

Ursachen von Achtsamkeit	Ziele/erwarteter Nutzen von Achtsamkeit
Neugier	Infragestellung Menschenbild
Eigener Anspruch	Status quo überwinden
Persönliche Verfassung	Überleben/ Coping Anforderungen
Bedarf/ Störungen	Gleichgewicht/ Haushalt
Druck von außen/ Fremd- bestimmung	Konzentration
Unternehmens- kultur	Gestalten/ vorwärts- gewandte Führung
	Situationsein- schätzung

Abbildung 12: Kernkategorie „Ursachen von Achtsamkeit" und „Ziele/erwarteter Nutzen von Achtsamkeit"

In der Analyse zeigen sich in den Kernkategorien Gemeinsamkeiten. Im Rahmen der Auswertung wurden die beiden Kernkategorien dennoch beibehalten, da in den Beschreibungen der Interview-partner ein deutlicher Unterschied zwischen der Annahme über die persönlichen Ursachen für die Auseinandersetzung mit dem Thema Achtsamkeit und den formulierten Erwartungen zu beobachten war. Als vorsichtige Einschätzung könnte der Grund im individuellen Leidensdruck gesehen werden und in der Bereitschaft, diesen öffentlich innerhalb des Interviews mitzuteilen. So scheinen die Interviewteilnehmer, die gerade leidensinduzierte Ursachen beschrieben haben, selbstverantwortlicher mit dem Thema umzugehen als Personen, die leidensbezogene Themen eher in Zielen verpacken. In den Interviews entstand hier der Eindruck, dass diese Personen noch eher auf *Selbstbewahrungsstrategien* (vgl.

Riemann 2008, S. 119ff.) bauen als das Wagnis einer selbstverantwortlichen Entscheidung einzugehen.

Eine grundsätzliche Übereinstimmung kann in den Subkategorien der Ursachen „Druck von außen/Fremdbestimmung", „Persönliche Verfassung" und „Bedarf/Störungen" sowie bei den Zielen/ erwarteter Nutzen „Überleben/Coping Anforderungen" und „Gleichgewicht/Haushalt" gesehen werden. Der gemeinsame Nenner dieser Subkategorien wird durch folgende Aussage gut auf den Punkt gebracht:

> „Also ich fühle mich gehetzt" (III-1; Z. 37).

Andere Umschreibungen in der Subkategorie *Persönliche Verfassung* sind Getrieben sein (I-1, Z. 7), keine Zeit haben, (I-2, Z. 25), sich am Ende des Tages leer fühlen und nicht abschalten können (II-1, Z. 5), keinen Spaß an der Arbeit mehr haben (III-4, Z. 9), ein schlechtes Gewissen haben und einen Kopf wie ein Bienenschwarm mit sich zu tragen, Bluthochdruck zu entwickeln (V-1, Z. 12) oder einfach zusammenzuklappen (V-1, Z. 12). In der Subkategorie *Druck von außen/Fremdbestimmung* werden einige Begründungen für diese Gefühle formuliert. Als Grundproblem wird der Multitasking-Mode (III-1, Z. 35) genannt. In einem normalen Arbeitsalltag besteht bei den Interviewten beispielsweise eine E-Mail-Flut (II-1, Z. 3), eine hohe Termindichte (I-1, Z. 19), zahlreiche Interaktionspartner als Anforderungssteller (III-1, Z. 35), aber auch der „Druck von oben" (V-2, Z. 57) oder eine intensive Reisetätigkeit (IV-1, Z. 14). Dies führt zu einer Art Aufgabenhopping, bei dem Aufgaben angefangen und nicht beendet werden (V-2, Z. 57). Mit dem Multitasking wird auf eine Arbeitskultur verwiesen, die sich mit der Subkategorie *Bedarf/Störungen* näher umreißen lässt. Beispielsweise scheint es üblich zu sein, einfach bei einem Kollegen ins Büro zu gehen und dessen Arbeit zu unterbrechen (III-1, Z. 69) oder dass die Arbeitszeit mit Meetings ausgefüllt ist, in der andere anstehende Aufgaben nicht erledigt werden können.

„Also mein Tag sieht im Prinzip so aus, dass ich vier, fünf, sechs Stunden voll bin mit Meetings" (V-1, Z. 8).

„Ich will halt nur sagen Telefon ist halt ungesteuert, aber so die typischen Störungen, die man auch so hat. Ein Kollege steht so in der Tür, fragt irgendwas oder quatscht sich schlichtweg einfach fest, braucht vielleicht ein bisschen Zuwendung, braucht einfach ein paar Takte, muss irgendetwas erzählen, während man selber vielleicht gerade an einer ganz anderen Stelle ist" (V-2, Z. 59).

Ein wichtiges Element wird auch in zwischenmenschlichen latenten und manifesten Konflikten gesehen (I-1, Z. 112f.), da hieraus ein erheblicher Problemlösungsbedarf und die Entwicklung eines Fingerspitzengefühls (IV-1, Z. 50) resultieren. Aus dieser Art von Störungen erwächst dann ein konkreter oder latenter Bedarf für mehr Achtsamkeit durch körperliche (Ver-)Spannungen (V-2, Z. 29), Burn-Out und Burn-Out-Fälle von relativ jungen Mitarbeitern im eigenen Umfeld (V-1, Z. 14) oder dass Konflikte mit nach Hause genommen werden und sich psychosomatische Beschwerden einstellen (II-1, Z. 112). Bedarfe zur Auseinandersetzung mit dem Thema Achtsamkeit können auch in Bezug auf das persönliche Leben kriseninduziert sein. Beispielsweise erkrankte die Frau der interviewten Person III-2 (Z. 7) an Krebs, II-2 (Z. 3) wurde mit der Trennung durch seine Frau konfrontiert und IV-2 (Z. 192) erlitt einen schweren Motorradunfall, so dass grundsätzliche Fragen nach dem Sinn des Lebens und der eigenen Karriere in den Mittelpunkt rückten:

„Und auch berufliche Themen zu relativieren, aber eben, sagen wir mal, auf sich zu achten. Also ich koppele das Thema Achtsamkeit da auch mit dran, eben bescheidener oder demütiger, das ist für mich auch so ein Begriff, zu werden. Nicht alles immer steuern zu können. Und aus diesem hektischen Hamsterrad Erfolg, das bisschen zu relativieren und auch Grenzen zu respektieren" (III-2, Z. 9).

Mit diesem Set an Ursachen für Achtsamkeit im Unternehmensalltag korrespondieren die formulierten Ziele/ Erwarteter Nutzen in den Subkategorien Überleben/Coping

Anforderungen und Gleichgewicht/Haushalt. Die eher etwas drastischer gefasste Subkategorie *Überleben/Coping Anforderungen* bezieht sich auf den wahrgenommenen Druck der Interviewten in ihrem Unternehmen und wie mit diesem Druck umgegangen werden kann (V-1, Z. 38). Dabei geht es nach IV-2 (Z. 18) eindeutig um Resilienz, weniger Krankheitstage, weniger Frustration, mehr Erfolg, mehr Leistung und Produktivität. Insgesamt geht es damit auch um Fragen der Selbstorganisation (II-1, Z. 3) und eines proaktiven Handelns, um an einer Aufgabe zu arbeiten und diese nicht immer wieder abzubrechen (V-2, Z. 59). Dies erscheint auch funktionell, da gerade die Arbeitssituation einen maßgeblichen Einfluss auf Erschöpfungs- und Burn-Out-Zustände hat (vgl. Känel 2008, S. 477). Entsprechend der Subkategorie *Gleichgewicht/Haushalt* erscheint bei den Interviewten eine innere Gegenbewegung zu dieser Situation notwendig, bei der es darum geht, einfach einmal wieder zu sich zu finden (IV-1, Z. 14), sich etwas Gutes zu tun (IV-1, Z. 14), in der Balance zwischen Anspannung und Entspannung zu sein (V-1, Z. 98) und Momente der Ruhe zu finden (V-2, Z. 115). Zusammenfassend findet sich

> „Achtsamkeit also in der Spagatformulierung, dass es äußere Anforderungen gibt und zu versuchen über die Achtsamkeit den Weg zu finden, bei sich zu bleiben" (IV-2, Z. 21f.).

Aber nicht nur der persönliche Leidensdruck wird als Ursache für die Auseinandersetzung mit dem Thema Achtsamkeit angegeben, sondern auch Aspekte der Neugier, des eigenen Anspruchs und der Unternehmenskultur. In der Subkategorie *Eigener Anspruch* spielen beispielsweise eigene Anspruchshaltungen an die Wirkung der eigenen Person mit hinein. Dazu gehören zum Beispiel das Gefühl, gut aufgestellt zu sein (II-1, Z. 79) oder wirkliche Strahlkraft zu entwickeln (I-1, Z. 47). In der Achtsamkeit werden auch wichtige Impulse für die Ausgestaltung der eigenen Führungsrolle gesehen, indem der Anspruch formuliert wird, dass die Mitarbeiter mit

Problemen kommen dürfen und eine wertschätzende Begegnung möglich ist (II-2, Z. 27).

> „Mir ist nochmal bewusster geworden, dass ich stärker darauf achten muss, was auch mit mir selbst passiert, weil ich dann auch davon ausgehen muss, dass meine Mitarbeiter oder Kollegen das ja auch wahrnehmen, wie ich dann bin, und mich auch vielleicht ein bisschen anders wahrnehmen" (V-1, Z. 16).

An die Achtsamkeitspraxis wird selbst aber auch der Anspruch formuliert, ein bestimmtes Level erreichen zu können, das bisher noch nicht erreicht wurde (IV-1, Z. 24) und deswegen motiviert das Thema weiter zu verfolgen.

> „Ich möchte mich ganz stark in dem Bereich ändern" (II-2, Z. 31)

Achtsamkeit stellt sich für V-2 (Z. 35) aber auch als neues Thema dar, weshalb diesem Thema mit dem Anspruch begegnet wird, zu sehen, was es zu lernen gibt. Ein wesentlicher Antreiber kann hier in der persönlichen *Neugier* (III-1, Z. 11) und einem Interesse für das Thema (IV-1, Z. 116) gesehen werden. Die Neugier lässt sich aber nicht nur als individuelles Moment beschreiben, sondern wird auch von der *Unternehmenskultur* moderiert. Die Unternehmenskultur selbst kann einen ermöglichenden oder einen verhindernden Einfluss ausüben. Für die Ermöglichung können insbesondere die teilnehmenden Unternehmen I und II als Repräsentanten beschrieben werden. Das Unternehmen I zeichnet sich insbesondere in seiner Selbstdarstellung durch eine anthroposophisch ausgerichtete Unternehmenskultur aus. In diese fügt sich eine Kultur der Achtsamkeit (vgl. Abschn. 9.8) stimmig ein. Das Unternehmen II unterstützt die Entwicklung von Achtsamkeit durch seinen Ansatz des organisationalen Lernens in vier Stufen. Folgendes Zitat bringt die Bedeutung einer offenen Unternehmenskultur gegenüber einer geschlossenen Unternehmenskultur zum Ausdruck:

> „Also bei den meisten ist ja dieser Punkt von...da ist alles verregelt, da gibt es keinen Spielraum für Eigentätigkeit, auch wenn das oftmals nach

außen hin anders propagiert wird. Und dann ist es eher so dieses: Man kann sich stärker distanzieren davon, indem man sagt, dass es nicht meine Ziele sind, oder mein Unternehmen, oder das was ich mit dem Unternehmen vorhabe" (I-1, Z. 71).

Im Zitat wird die Herausforderung des *Umgangs mit Selbst- und Fremdorganisation* formuliert. III-1 (Z.115) verweist aber auch auf das problematische Verhältnis zwischen Linien- und Projekt-organisation, wobei nicht die strukturelle und prozessuale Seite an sich das Problem darstellt, sondern die damit zusammenhängende Einstellung, dies als Getrieben sein zu empfinden:

> „was natürlich für die Mitarbeiter nicht so toll ist. Die werden quasi von zwei Leuten getrieben etwas zu machen, und welchem Herrn dienen sie als erstes" (ebd.)?

Das Moment der Selbstorganisation mit der Anforderung der Selbstführung stellt sich so gesehen als konkrete Herausforderung und Antreiber für das Thema Achtsamkeit dar, weil es die Möglichkeit der Eigeninitiative unterstützt (I-1, Z. 71). In diesem Sinne wirken hier die Subkategorien der Kernkategorien Ziele/Nutzen von Achtsamkeit zusammen. In diesen Subkategorien geht es um Fragen von „Gestalten/vorwärtsgewandte Führung", „Situationseinschätzung", Konzentration" bis hin zu „Status quo überwinden" und „Infragestellung Menschenbild", wie es in folgender Aussage zusammengefasst wird:

> „Jetzt nehme ich das Achtsamkeitsthema und sag, ich beschäftige mich jetzt erst mal ganz stark damit, dass was ich tue, mit voller Entscheidung bewusst zu machen und das, wogegen ich mich bewusst entschieden habe, nicht zu machen. Für mich überlappt das ganz stark mit dem Selbstentwickler von Corssen, weil wenn ich sage, ich gehe aus dem Jammertal raus, ich höre auf mich zu ärgern und ich habe das auch bewusst präsent" (II-2, Z. 66).

In dieser Perspektive werden Aspekte eines *transformativen Lernens von Organisationen* durch Achtsamkeit angesprochen. Transformatives Lernen kann mithilfe von Cranton & Taylor (2012, S. 3ff.) als eine Beziehung von individuellen Veränderungen für die

Ermöglichung von sozialen Veränderungen bzw. als die soziale Transformation für eine individuelle Transformation beschrieben werden. Unter Bezugnahme auf den Konstruktivismus, den Humanismus und die kritische Sozialtheorie verstehen die Autoren transformatives Lernen als ein Konzept des sozialen Wandels.

Die Entwicklung der persönlichen Fähigkeit zur **Konzentration** (IV-2, Z. 33) sorgt dafür, dass für ein funktionales Problem ein persönlicher Bezug entsteht (I-2, Z. 147) und eine ungeteilte Aufmerksamkeit. Eine Fokussierung als Gegenstück zum Prinzip Multitasking zielt hier beispielsweise auf ein störungs- und ablenkungsfreies Arbeiten (V-2, Z. 45). Auf der individuellen Ebene spielt dazu die **Situationseinschätzung** eine wichtige Rolle, als Wahrnehmung der eigenen Gefühle und deren Ursachen (I-2, Z. 37f.) oder das richtige Einschätzen des Gegenübers, ohne ihn mit eigenen Übertragungen und Projektionen zu verwechseln (IV-1, Z. 79). Achtsamkeit unterstützt dabei, eine „lauschende Grund-haltung" einzunehmen, wie Arnold (2014, S. 34) es beschreibt. Der Ausgangspunkt wird dazu in der Frage gesehen „Wie geht es mir?" (IV-2, Z. 62). Daraus erwachsen Optionen für ein **Gestalten/ vorwärtsgewandte Führungsverantwortung**, da die Führungs-kräfte und Mitarbeiter ein gewisses Mindset entwickeln. Im Verständnis dieser Kategorie geht es darum, die

> „[...] Mitarbeiter wirklich erkennen zu lassen „Was habe ich denn selbst in der Hand? Was kann ich selbst tun?", um herauszukommen aus dieser Opferhaltung und eben Dinge selbst zu bewegen und da aber auch erst mal in die Haltung zu kommen, sich selbst zu hinterfragen und zu überlegen, warum ich heute eigentlich arbeite, wie ich heute arbeite" (II-1, Z. 3ff.).

Gestalten wird hier aber nicht allein als Steuern verstanden, sondern als Loslassen. Steuern und Loslassen werden als wichtige Elemente einer Eigenverantwortung angesehen. Der Ausgangs-punkt kann in der vertretenen Annahme gesehen werden, dass ein wesentlicher Teil der Zusammenarbeit und der Arbeitsprozesse über Kommunikation geschieht. Will eine Führungskraft oder ein Mitarbeiter für die anderen der Gruppe etwas „bringen", so geht dies nicht ohne Achtsamkeit, so IV-1 (Z. 18). Achtsamkeit erscheint in diesem Sinne notwendig für die Moderation eines produktiven Gespräches, gerade und insbesondere mit „Streithähnen" an einem Tisch (ebd. Z. 54). Aus menschlicher Perspektive wird auch die *Infragestellung des Menschenbildes* im Unternehmen gerade im Zusammenhang mit Burn-Out von Mitarbeitern (V-1, Z. 14) aufgeworfen. Das Thema scheint dazu geeignet zu sein,

> „[...] den Leuten an der Stelle auch einen Spiegel vorzuhalten und sich einfach nochmal bewusst zu machen, dass sie es wirklich mit Mitarbeitern zu tun haben, denn, wenn man sich teilweise mit Kollegen oder Führungskräften unterhält, klappt das alles. Wenn die aber in der Herde zusammen sind, dann heißt es: ʼJa wir müssten doch jetzt hier etwas machen und wir brauchen mehr davon und mehr in diese Richtung!ʼ" (V-1, Z. 58).

Im Thema Achtsamkeit stecken darüber hinaus auch Impulse für die Zusammenarbeit in interkulturellen Kontexten, wenn Unternehmen weltweit Niederlassungen betreiben. Die Thematisierung der deutschen Mentalität (III-1, Z. 53) kann beispielsweise Aspekte wie Bescheidenheit und Zurückhaltung stärker in den Vordergrund holen. Die interviewte Person beschrieb nämlich seine Wahrnehmung der deutschen Mentalität gerade im Kontext von Schwellenländern und Drittweltländern eher als überheblich und provokativ. In diesem Verhalten steckt ein gewisser Automatismus, der auch in alltäglichen Situationen immer wieder offensichtlich wird. Achtsamkeit kann unterstützen

> „sich davor zu bewahren, immer in einen Automatismus zu fallen. Wenn einer irgendwie blöd kommt, dann komme ich halt so blöd zurück, wie ich es immer gemacht habe" (I-2, Z. 39).

Achtsamkeit hilft dann dabei zu erkennen, dass die Gefühle in solchen Situationen selbst gemacht sind und dass sie dementsprechend auch selbst verändert werden können (II-2, Z. 2). Damit eröffnet sich die Möglichkeit, den **Status quo zu überwinden**, da sich aus Achtsamkeit eine Gelassenheit entwickeln kann, die nicht nur technisch über irgendwelche Übungen erworben wurde, sondern im Wesentlichen auch durch eine spirituelle Haltung getragen wird (III-2, Z. 7). In den Interviews deutet sich in Bezug auf die oben formulierte Fragestellung damit an, dass die Berücksichtigung der Unternehmens-, Arbeits- und Konfliktkultur wichtige Säulen darstellen, die die Entwicklung der inneren Natur des Menschen beeinflussen. Die Interviews zeigen dazu auf, dass Achtsamkeit einerseits als persönliches Thema behandelt wird, bei dem es um Eigenständigkeit und Eigenverantwortung in einem dynamischen und von Druck geprägten Unternehmensalltag geht. Andererseits zeigen sie aber auch, dass es in den Unternehmen Angebote bedarf, um aus diesem individuellen Thema ein gemeinsames Thema zu entwickeln. Dabei scheint es einen Bedarf dafür zu geben, dass Unternehmen eine Kultur entwickeln, die nach Altner (2013, S. 36) dezidiert die Bedürfnisse ihrer Mitarbeiter berücksichtigen.

Dieses Zusammenspiel aus individueller Entwicklung und kollektiver Entwicklung erscheint notwendig, damit Bemühungen für eine gesellschaftliche Transformation nicht allein auf „Subjektivierungspraktiken" (Kraus 2010, S. 52) basieren, bei dem ein kollektives Problem in die Selbstverantwortung des Subjekts übertragen wird. Der Autor beschreibt für das Thema der Work-Life-Balance in seiner gouvernementalitätstheoretischen Analyse Foucaults, dass dieses „[...] als gegenstandsbezogenes Wissens-problem und Managementaufgabe in Bezug auf die Umsetzung im eigenen Leben gefasst" (ebd. S. 56) wird. Solche Ansätze bündeln eine Wissensdarstellung, persönliche Reflexion und ein zahlreiches Angebot von Übungen als Formen der Selbsttechniken, ohne dass eine Kontextveränderung berücksichtigt wird. Problematisch erscheint an dieser Perspektive, dass die Moderne einerseits zu einem erhöhten Bedarf an Balance zu führen scheint, die Verantwortlichkeit für psychische und physische Belastbarkeit aufgrund von Entgrenzung und Subjektivierung von Erwerbsarbeit jedoch beim Individuum selbst liegt.

Die pädagogische Bearbeitung struktureller Probleme als eine Form kritischer Erziehungswissenschaft scheint hier außen vor zu sein, wobei gerade der Gouvernementalitätsbegriff Foucaults (vgl. Arnold 2010a, S. 73) den Zusammenhang aus „Selbstregierung" und Regierung – d.h. Selbstverantwortung und Fremdverant- wortung - nahelegt und damit die Tendenz zur Verführung zu Disziplinierungstechniken entlarvt. Dies erscheint insofern bedeutsam, als dass sich das Subjekt durch eine gelebte Praxis konstituiert, welcher es sich „unterwirft". Die Bedingungen und Strukturen beeinflussen das Subjekt. Eine echte Transformation im Rahmen einer ökologischen Bildungstheorie benötigt daher einen relationalen Blick auf die Selbst- und Weltverhältnisse (vgl. Rosa 2012), um die kollektiven Diskurse und Handlungspraktiken verändern zu können.

9.4 Offenheit zur Selbstkonfrontation: Konsequenzen von Achtsamkeit in Organisationen

Das Verständnis von Achtsamkeit IN Organisationen wird nach Kohls et al. (2013, S. 163ff.) als alltägliche Übungspraxis in der Therapie und Gesundheitsprävention beschrieben. Für die vorliegende Darstellung zu den „Konsequenzen von Achtsamkeit" in Organisationen als eine Kernkategorie, wird die Frage verfolgt, welche Rolle aus Sicht der Programmteilnehmer die Entwicklung veränderter Verhaltensweisen spielt und welche Wirkungen diese entfalten. Der zentrale Mehrwert von Achtsamkeit, der sich auch in der vorliegenden Kernkategorie zeigt, kann neben medizinisch- gesundheitlichen Vorteilen in einer gesteigerten Konzentration, Informationsverarbeitungsfähigkeit, Entschlussfähigkeit, Empa- thiefähigkeit, Belastbarkeit durch eine Förderung der kognitiv- emotionalen Selbstregulation und Resilienz gesehen werden (vgl.

Kothes & Rosmann 2014, S. 34ff.). In Bezug auf das Projekt „Achtsamkeit im Unternehmensalltag" fassen die Autoren die Wirkungen aus der Begleituntersuchung derart zusammen, dass die Stressbelastung und das Gefühl der persönlichen Anspannung nachlassen, die Fehlerrate im angewandten kognitions-psychologischen Test abnimmt, die Teilnehmer sich weniger Sorgen machen und den Anforderungen des beruflichen Alltags generell gelassener entgegensehen (vgl. ebd. S. 184). Das aus der Dialoginterview-Analyse entwickelte Kategoriensystem deckt sich mit diesen allgemeinen Angaben zur Wirksamkeit von Achtsamkeit. Aus diesem Grund sollen die grundsätzlich positiven Wirkungen an dieser Stelle nur kurz in Form der Subkategorien benannt werden. In der folgenden Darstellung soll eher der Schwerpunkt auf die zur Untersuchungsfrage hinführenden Aspekte gelegt werden.

Abbildung 13: Kernkategorie „Konsequenzen von Achtsamkeit in Organisationen"

Als eine zentrale Subkategorie steht die **„Selbstkonfrontation"** (I-1, Z. 17). Die Interviewteilnehmer beschreiben, dass die Konfrontation mit den eigenen Gedanken innerhalb der Achtsamkeitsmeditation zunächst als sehr anstrengend erlebt wurde, da

> „[...] durch das Sitzen die innere Spannung einfach zu groß ist, ich schweife so dermaßen oft ab. Ich habe einfach nichts, woran ich mich, also wenig, woran ich mich dann innerlich festhalten kann" (II-3, Z. 112).

Dieses Empfinden geht so weit, dass das meditative Sitzen als qualvoll empfunden wird und sich alles dagegen sträubt (IV-2, Z. 37). Erfassen die Interviewteilnehmer in ihren Reflexionen auch die Ursache oder Bedeutung dieses Prozesses nicht, so scheint er von außen betrachtet ein wesentliches Fundament der Achtsamkeitspraxis zu sein. Die Praxis der Achtsamkeit erfordert daher eine *„Offenheit zur Selbstkonfrontation"*, wie es Zbinden (2012, S. 179) formuliert, weil hier die verdrängten Aspekte der eigenen Persönlichkeit und der eigenen Lebensweise in Form von Frustration, Angst oder Wut offen zu Tage treten können. Diese Aspekte sind für ein transformatives Lernen zu berücksichtigen, da sie die wechselseitige Abhängigkeit individueller und organisationaler Lernprozesse verdeutlichen.

> „Die Haltung der Selbstkonfrontation und Selbstentwicklung ist in den Programmen wie in der entwicklungsorientierten Organisation eine Selbstverständlichkeit. Die persönliche Entwicklung der Teilnehmenden wird in geeigneter Form gefördert. In der Theorie wie in der Anwendung werden nebst den organisationalen immer auch die persönlichen Dynamiken betrachtet und berücksichtigt" (ebd. S. 209).

Das Subjekt mit seiner Lebens- und Arbeitsweise in der Organisation erscheint so als „Ursache allen Übels und gleichzeitig als dessen Lösung" (I-1, Z. 68), da

> „[...] eigentlich jeder sein eigener Antreiber ist und das dann gerade die Frage ist, wie bewusst macht man sich, dass man sich jetzt gerade selbst antreibt und dass es da eigentlich überhaupt keinen Stakeholder in dieser Frage gibt, sondern dass man eigentlich nur innehalten müsste" (I-1, Z. 67).

Achtsamkeit, so die Subkategorien der Untersuchung, führt damit in ein *„Wohlgefühl"* und zu einer *„besseren Lebensführung"*, indem sie eine ausgewogenere Balance zwischen Privat- und Arbeitsleben (III-1, Z. 15) und den eigenen Bedürfnissen und den Bedürfnissen anderer (I-1, Z. 47) zur Folge hat. Der Blick auf die eigenen Bedürfnisse und die Bedürfnisse anderer scheint für den Untersuchungszusammenhang bedeutsam zu sein, da er eine Auswirkung auf die „Abgrenzung", die „Selbstwahrnehmung", „Bewusstheit/Präsenz" und damit auf die Art und Weise der „Beziehung/Konfliktkommunikation", „veränderten Arbeits-organisation" und „Produktivität/Konzentration" hat. In diesen Subkategorien wird eine *Kaskade von Wirkungen* der Achtsamkeit sichtbar, die ihren Ausgangspunkt in der persönlichen Achtsamkeitserfahrung hat und sich im Rahmen sozialer Lern-prozesse auf das Umfeld ausweiten kann.

Die Subkategorie *Abgrenzung* bezieht sich auf die Arbeitsfähigkeit der Interviewteilnehmer. In der Subkategorie geht es darum, sich Zeit für eine Sache zu nehmen und die anderen Aufgaben zunächst liegen zu lassen (I-2, Z. 86f.), die Konflikte der Mitarbeiter nicht persönlich zu nehmen oder diese stellvertretend lösen zu wollen, sondern zur Selbsthilfe beizutragen (II-2, Z. 32). Sich abgrenzen zu können ermöglicht aber auch, Spontanstörungen durch Kollegen nicht zuzulassen und die Bitte zu formulieren, einen Sachverhalt später zu klären (IV-2, Z. 72). Abgrenzung durch Achtsamkeit sorgt zudem für eine andere Lösung zum Thema Multitasking:

> „Multitasking, das hat mir sehr stark geholfen, dass man sich Zeiten eher reservieren soll um mal an einem Thema dran zu bleiben, da das effektiver ist. Also ich war in der Vergangenheit eher einer, der so zwischen den Themen hin und her gehüpft ist und jetzt sage ich auch bewusst nein" (III-1, Z. 13).

In dieser Kategorie spielt aber auch die emotionale Abgrenzung eine Rolle, wenn es darum geht, künstlich aufgebauten Druck von oben oder von internen und externen Kunden nicht mehr zuzulassen bzw. an sich heranzulassen (V-1, Z. 62). Dies eröffnet die Option, mit getriebenen Gebietsleitern anders umzugehen (V-1, Z. 27f.). Gerade in Konflikten oder intensiven Streitigkeiten um konfligierende Interessen hilft eine achtsame Haltung, sich und die eigenen Emotionen nicht einfach gehen zu lassen (V-1, Z. 16), sondern in einer Wertschätzung zu bleiben. Die anderen dürfen dann die Dinge anders sehen und anders angehen (II-2, Z. 32).

> „Es ist ja auch das Anliegen, das, was man selbst empfindet, anders wahrzunehmen, und was mich dann daran gereizt hat ist, ich kann über eine Achtsamkeit auch einen Zugang zu den Elementen bekommen, die mein Gefühlsleben steuern" (II-2, Z. 3).

Als Voraussetzung für diese Wirkungen kann die Subkategorie *„Selbstwahrnehmung"* gesehen werden. In dieser Kategorie wird zusammengefasst, wie wichtig es ist, die Wahrnehmung und Aufmerksamkeit immer wieder auf sich selbst zu lenken und eine Grundsensibilität zu entwickeln, wenn bspw. der eigene Muskeltonus fest wird (V-2, Z. 65).

> „Das stelle ich jetzt nach diesem Seminar schon fest, wenn ich zu tief in etwas drin bin stelle ich fest, dass ich z. B. den Kugelschreiber ziemlich hart drücke. Da stelle ich das schon fest, naja jetzt bist du so in dem Thema drin, so angespannt. Wieso?" (III-3, Z. 99).

Achtsamkeit als Innehalten (IV-1, Z. 24) unterstützt auch dabei, eine Situation in Gänze wahrzunehmen und nicht vorschnell zu reagieren oder zu „hyperventilieren" (V-1, Z. 16) und zu schauen, woher die Komponenten der Situation oder des Konfliktes kommen (I-2, Z. 83). Achtsamkeit eröffnet so gesehen eine fragende Haltung gegenüber einer Situation:

> „Woran liegt das? Liegt das an der Person, liegt das an dem Thema, liegt es daran, dass du nicht gut drauf bist?" (IV-1, Z. 16)

Die fragende Haltung führt in einen Lösungsrahmen für individuelle und zwischenmenschliche Konflikte, weil sie ein Interesse für sich und für den anderen zum Ausdruck bringt. Diese Haltung steht für eine Einstellung, bei der die Aufmerksamkeit auf dem Lernen liegt. Dabei ist nach Engel (2009, S. 288) die Annahme leitend, dass die Lernbereitschaft des Einzelnen in einem engen Zusammenhang mit der Lernbereitschaft der einzelnen Systemelemente bzw. -ebenen korreliert. Lernen wird hier als in ein Lernsystem eingebettet betrachtet. Damit kann auch verdeutlicht werden, dass es um eine fokussierte Ausrichtung der eigenen Gedanken auf das Wesentliche einer Situation geht, ohne ewig über ungeklärte Situationen in der Vergangenheit zu grübeln und sie somit größer werden zu lassen, als sie tatsächlich von ihrer Bedeutung sind, sondern durch das Aufmerken den „Traffic da oben auf der Festplatte zu verringern" (I-1, Z. 131).

Mit dieser Ausrichtung kann *Bewusstheit/Präsenz* entstehen. Sie wird als ein sich Bewusstsein (I-1, Z. 99), eine größere Bewusstheit (II-1, Z. 11), wertfreies präsent sein und fokussiert sein (II-2, Z. 4ff.) oder Bewusstsein über die Freuden des Tages (III-1, Z. 19) und sich selbst (V-1, Z. 16) erfahrbar. Sich auf die kommende Aufgabe bewusst einzustellen (IV-1, Z. 40) und ein bewusstes Verständnis für den anderen und dessen Situation zu haben (IV-2, Z. 158), wie es in der Subkategorie zum Ausdruck kommt, gehört ebenso dazu. Achtsamkeit hat dann eine Art

> „Whiteboard Effekt, wenn man eine relativ vollgeschriebene Tafel hat, also, wenn man einfach mal so ein bisschen was weggewischt hat, dass man dadurch mal wieder etwas klarer sieht" (V-2, Z. 97).

Dies beeinflusst auch die *Beziehung/Konfliktkommunikation*, da sich der Blick für die Situation weitet:

> „Überhaupt einmal zu erkennen, in welcher Situation wir uns jetzt gerade befinden. Macht das jetzt überhaupt Sinn, mit dem über das Thema zu reden, oder hat der ein ganz anderes, viel größeres Problem?" (IV-1, Z. 20).

Auf diese Art und Weise können Konfliktherde erkannt und bestehende Ängste und Bedürfnisse sensibler, aber auch direkt angegangen werden (II-2, Z. 38). Eine veränderte Beziehungs- und Konfliktgestaltung kann in einer veränderten Selbstregulation mentaler Konflikte gesehen werden (vgl. Wagner 2007, S. 199). In der Konfliktforschung zur Kooperation von Teams wird auch deutlich, dass ein Team nur so gut kooperieren kann, wie jedes einzelne Mitglied bereit ist, neben den fachlichen Aspekten einer Situation auch die interpersonellen Konflikte im Rahmen eines achtsamen Umgangs miteinander zu identifizieren, zu thematisieren und damit zu einer Lösung beizutragen (vgl. Schmidt 2014, S. 146ff.).

> „Ich denke auch, da kann eben dieses Bewusstsein, also gerade achtsame Dialoge von Gesprächsführung wirklich viel bewirken" (IV-2, Z. 160).

Das Bewirken richtet sich in Bezug auf die Unternehmen nicht nur auf die zwischenmenschliche Dimension, sondern gerade und insbesondere auf Fragen der *Arbeitsorganisation* und *Produktivität/Konzentration* als maßgebliche Zielkategorien. In diesem Verständnis kann Achtsamkeit gewissermaßen von vordergründig rein spirituellen Aspekten entzaubert oder entmythologisiert werden.

> „Was vielleicht am Anfang ein bisschen schwierig ist, dass von den Mitarbeitern manchmal der Kommentar dann gefallen ist: „Ja, jetzt geht ihr mal wieder meditieren!" Also denen zu vermitteln was denn überhaupt hinter dieser Achtsamkeitsmeditation steckt. Also Meditation hat ja manchmal einen etwas komischen Touch, dass man sagt, das sind Mönche, die sind der Welt total entrückt, sitzen irgendwo den ganzen Tag rum und machen sonst nichts. Also da war es dann auch immer ein bisschen schwierig die Leute darauf hinzuweisen, was denn eigentlich dahintersteckt, denn wenn die nicht dabei sind, kann das bei denen natürlich auch falsch ankommen" (III-1, Z. 71).

Die Interviews zeigen hier einen deutlichen Zirkelschluss zwischen dem individuellen Fokus durch das Thema Achtsamkeit und den Wirkungen auf die Fragen der zwischenmenschlichen und sächlichen Prozessgestaltung zur Entwicklung einer Arbeitseffizienz, wobei Arbeitseffizienz wiederum nicht als primärer Zweck, der ökonomisch zu interpretieren ist, sondern als Voraussetzung für die eigene und soziale Achtsamkeit zu denken ist (vgl. Abschn. 9.2).

> „Die Prozessentwicklung, ganzheitlich verstanden, ist der einzige Zeitpunkt, in dem tatsächlich bewusst Veränderungen innerhalb eines Unternehmens stattfinden und Selbsterkenntnis ist das einzige effektive Mittel. Genau da ist Achtsamkeit in der Führung, im Prozessmanagement und speziell in der Prozessgestaltung einzubringen" (Schnetzer 2014, S. 15).

Zur veränderten Arbeitsorganisation für eine verbesserte Produktivität und Konzentration gehört es beispielsweise, sich Zeitfenster für ein störungsfreies Arbeiten zu reservieren (III-1, Z. 13), zusammenhängende Zeitfenster für eine Zielgruppe bereitzuhalten (III-1, Z. 43), aber auch Zeitfenster einzuplanen, in denen ein offener Austausch möglich ist als

> „eine sog. CIP[1]-Chat-Zeit immer nach dem Mittagessen, wo klar ist, dass in dieser Stunde nach dem Mittagessen möglichst keine Termine gesetzt werden, die eben der Konzentration bedürfen, sondern dass man Dinge macht, bei denen man auch gestört werden kann" (II-1, Z. 23).

Als Engpassfaktor werden hier immer wieder diejenigen Chefs erwähnt, die bei Terminen häufig ihren eigenen Terminplan zum Maßstab nehmen und dadurch die Arbeit der Mitarbeiter in zusammenhängenden Zeitfenstern erschweren. Im Team oder in einer Abteilung ein Zeitraster zu entwickeln, bei dem Gesprächs- und Besprechungszeiten am Anfang oder am Ende des Tages, vor oder nach der Mittagspause verortet werden, hat sich als praktikabel erwiesen (III-1, Z. 65).

Als Grundthema zeichnet sich in den Interviews immer wieder auch das Thema der Meetings ab, welche meist mit einem zu hohen Teilnehmerkreis zu unfokussiert und unwertig sind, nicht

---

[1] CIP Abteilungsbezeichnung für Customer Innovation Process

vorbereitet werden und zu oft angesetzt werden. II-2 (Z. 29) hat daher als Hauptabteilungsleiter die Entscheidung getroffen, Meetings nicht mehr durchzuführen. Als Alternative führt dieser 30-minütige Vieraugengespräche mit seinen Gruppenleitern.

> „die Laufen anders ab, die sind sehr konzentriert und kompakt und haben auch wenig Zeit, um sich zu Unterhalten oder es steht gar nichts an. Automatisch wenn man zu zweit sitzt, hat dann auch keiner ein Handy- oder Laptop-Thema" (ebd.).

Konsequenterweise steigt durch diese veränderten Verhaltensweisen die Produktivität/Konzentration, da sich nun während der Arbeit eine Art Flow-Erleben (II-2, Z. 21) einstellen kann, in einer Situation die Konzentration auf das Wesentliche möglich ist (IV-2, Z. 20) und die Chefs und Mitarbeiter sich nicht gegenseitig aus ihrem Arbeitsfluss herausbringen (III-1, Z. 69). Achtsamkeit wird in diesem Sinne und im Verständnis einer systemischen Kompetenzentwicklung sehr stark durch die soziokulturelle Dimension der achtsamen Community und eines auf Achtsamkeit angelegten Settings beeinflusst.

Mit dieser systemischen Perspektive werden Aspekte einer nachhaltigen Entwicklung sichtbar, die auf eine Performanz zielt und nicht auf Kompetenzprofile oder Qualifikationen ausgerichtet ist und damit Funktionalisierungen bedient. Sie bezieht sich vielmehr auf die konkrete Praxis mit ihren Prozessen. Ein nachhaltigkeitsorientiertes Lernen wird hierbei darin gesehen, dass eine Reflexion des Verhältnisses der eigenen Subjektivität und des individuellen Subjektseins mit der Kulturalität integraler Bestandteil ist (vgl. Wulf & Zirfas 2007, S. 12). Lernen von Nachhaltigkeit und nachhaltigen Verhaltensweisen kommt hier nicht ohne ein wechselseitiges Bezogensein aus. Der Fokus auf die soziale Praxis in diesem sozialökologischen Verständnis von Bildung folgt einem relationalen Denken, weil jeder Gegenstand wechselseitige Beziehungen beinhaltet, wie zum Beispiel „Selbstandere" (Wittpoth 1994, S. 78) oder die klassische System-Umwelt-Beziehung (vgl.

Luhmann 1997). Soziale Praxis erscheint vor diesem Hintergrund distinktionstheoretisch (vgl. Bollweg 2008, S. 103), weil jeder Sachverhalt nicht nur in einem Verhältnis zu einem anderen Sachverhalt steht, sondern sie sich einander sogar gegenseitig bedingen.

9.5 Unternehmen als fraktale Gestaltungseinheiten komplexer Anforderungserfüllung: Kontexte und Einflussbedingungen von Achtsamkeit in Organisationen

Die Coaching- und Ratgeberliteratur setzt häufig am einzelnen Individuum an und analysiert die Menschen als einzelnes Objekt. Lassen systemische Ansätze die zirkulären Verhältnisse zwischen System und Umwelt auch einfließen, kann mit Hellbach (1924, S. 109) dabei dennoch von einer „gewaltsamen Individuation" gesprochen werden, d.h. der Coachee wird zwar nicht als isolierter Akteur betrachtet, die Betrachtung und Lösungsstrategien selbst erfolgen aber isoliert. Die Integration des Subjekts ist dann oftmals eine begriffliche und kognitive und folgt nicht unter der empirischen Einbindung der Systemkontexte. Echte Ver-änderungen bleiben daher oftmals aus.

Eine wirksame nachhaltige Entwicklung durch Bildung hat in ihrem Entwurf dazu die Organisation als solch einen Systemkontext zu berücksichtigen (vgl. Kap. 5). Das erscheint insofern relevant und notwendig, als dass Stichweh (2005) von der Entwicklung einer „Organisationsgesellschaft" als wesentliches Element funktionaler Differenzierung spricht. Organisationen stellen eine Struktur dar, um die Menschen in sozialen Gemeinschaften zu organisieren und deren Handlungen zu koordinieren. Dies verstärkt die Entwicklung funktionaler Expertise und Spezialisierung von Rollenträgern bei gleichzeitiger Formalisierung der Verfahren und Prozesse. Organisationen stellen damit ein wesentliches Element gesell-schaftlicher Durchdringung dar (vgl. Schimank 2010, S. 33ff.). Sie sind wie Lebensadern im Gewebe des Sozialen.

Die Systembildung der formalen Organisation führt damit auch zu einer Formalisierung des Verhaltens. Siefkes (1992, S. 1) beschreibt, dass mit der Zunahme möglicher Interaktionsbeziehungen innerhalb einer Gruppe die Tendenz steigt, die Kommunikation zu formalisieren. Gleichzeitig stellt er dar, dass nicht allein die Größe der Gruppe darüber entscheidet, ob kleine oder große Abstände (emotionale Nähe) bestehen, sondern die emotionale Nähe selbst zwischen den Menschen darüber entscheidet, wie formal oder informal Kommunikationen geschehen. Die Unterscheidung von großen und kleinen Systemen bezieht sich in diesem Verständnis als Analyseeinheit nicht auf die tatsächliche quantitative Größe, sondern darauf,

> „[...] wie wir in dem System arbeiten. Berücksichtigen wir Sprache und Wissen, Werte und Wünsche der Beteiligten nicht oder reduzieren sie auf die materialen Dimensionen, so wird das System groß (= übermächtig, unveränderlich), wir partizipieren nur kläglich. Nur in kleinen Systemen bringen die Teilnehmer ihre Persönlichkeit voll ins Spiel und entwickeln sich so zusammen mit dem sich entwickelnden System" (ebd. S. 5).

In der Konsequenz führt dies mit Siefkes (1992) zu der Hypothese, dass große Systeme tot sind. Der Begriff „tot" meint jedoch keine Systemauflösung, sondern verweist darauf, dass diese an Lebendigkeit verlieren, und die Art, sich innerhalb dieser Systeme „flexibel" und lebendig zu bewegen durch formalisierende Institutionen behindert wird. Das Attribut „klein" stellt dabei kein zu bevorzugendes Merkmal dar, da es die kleinen Systeme ohne die Einbettung in große Systeme nicht geben kann. „Klein" kann hier in Anlehnung an den Überblick der Systembeziehungen vielmehr als ein bestehender achtsamer Blick auf den angemessenen Umgang in den Beziehungen verstanden werden. Der Kontext der Subjekte als Kernkategorie beinhaltet dabei verschiedene Einflussbedingungen, die als Faktoren die Entwicklung und Umsetzung eines lebenspraktischen Orientierungswissens unterstützen oder eben behindern. Dieses Orientierungswissen bezieht sich auf die Binnendifferenzierung aus formalem Wissen und Handlungswissen, welches nach Gruber (2011, S. 35) für eine nachhaltige Entwicklung gemeinsam zu deuten ist.

> „die Herausforderung, die zentral besteht ist letzten Endes, dass gemeinsame Werte, Regeln und Normen zu definieren und auf die Einhaltung verbindlich zu achten durch alle Beteiligten" (II-2, Z. 91).

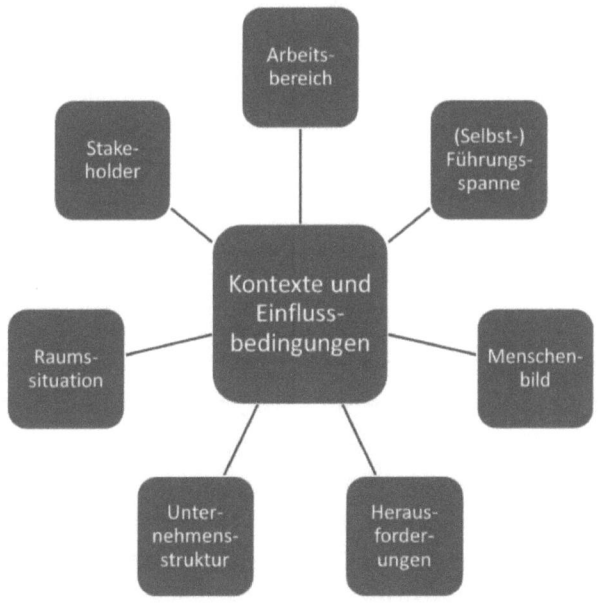

Abbildung 14: Kernkategorie „Konsequenzen und Einflussbedingungen von Achtsamkeit in Organisationen"

9.5.1 Einflussbedingungen von Achtsamkeit in Organisationen: Stakeholder, Tätigkeits- und Aufgabenmerkmale

In der Subkategorie **„Arbeitsbereich"** ist rekonstruierbar, dass die individuelle Arbeitsaufgabe einen Einfluss darauf hat, wie das Thema Achtsamkeit kommuniziert und individuell bzw. gemeinsam gelebt werden kann. Die Arbeitsbereiche der Interviewteilnehmer unterscheiden sich nach dem Ressort Mitarbeiter/Human Ressource (I-1, Z. 5), Mitarbeiterentwicklung (I-2, Z. 131), Organisationsentwicklung für die Begleitung von Veränderungs- und Verbesserungsprozessen (II-1, Z. 3), Business Intelligence Center zur Analyse und Bereitstellung von Planungs- und Analyseprozessen und EDV-Systemen (III-1, Z. 3), Qualitätsmanagement in der Zentrale für die Niederlassungen (IV-1, Z. 2) oder Anwendungs-betreuung der Fachbereiche für IT-Anwendungen (V.2, Z. 3). V-1 (Z. 94) bringt in seiner Funktion bzw. Rolle als Sozialberater des Unternehmens die Bedeutung dieser unterschiedlichen Arbeits-bereiche als *Container* für das Thema Achtsamkeit zum Ausdruck:

> „Ja genau, ja. Also Container im Sinn von Emotionen aufnehmen, was spielt sich denn ab beim anderen und das gemeinsam anzuschauen und dann Schritte zu überlegen. Da ist es eher, sowas, da hab´ ich so ne ruhige Gelassenheit" (V-1 Z. 94).

In den beruflichen Rollen der Interviewpartner kommen nach Luhmann (1994, S. 57f.) zusammenhängende Verhaltens-erwartungen und Verhaltensweisen zum Ausdruck, die die Ausführungsmöglichkeiten nicht mehr widerspruchsvoll oder zusammenhangslos in Bezug auf den Bestandserhalt einer Organisation oder eines Organisationsbereiches erscheinen lassen. Gilt bezüglich bestehender Rollenbilder ein breiter Konsens in einer sozialen Gruppe, so können diese als normative Erwartungen als institutionalisiert bezeichnet werden. Somit sind Normierung, Rollenbildung und Institutionalisierung sich wechselseitig tragende Prozesse, die einerseits ein soziales System bilden, gleichzeitig aber auch bestimmte Veränderungen hemmen.

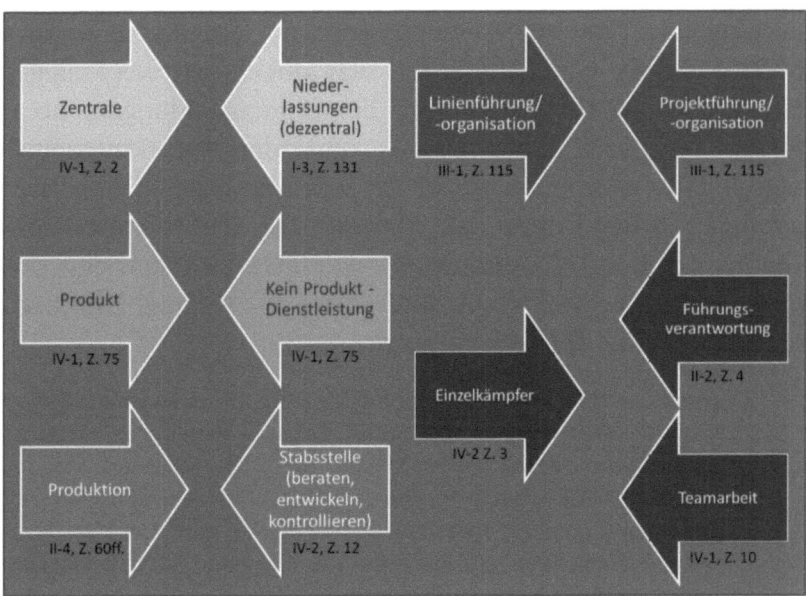

Abbildung 15: Spannungen in Tätigkeits- und Aufgabenmerkmalen als Einflussbedingungen von Achtsamkeit in Organisationen

Neben der formalen Beschreibung des Arbeitsbereiches beeinflussen die konkreten Tätigkeits- und Aufgabenmerkmale den Umgang mit Achtsamkeit im Unternehmen (vgl. Abb. 16). Eine wichtige Unterscheidung kann darin gesehen werden, ob bspw. eine Person als Einzelkämpfer arbeitet oder ob sie eine Führungsverantwortung für andere wahrnimmt bzw. in einem Team arbeitet (III-1, Z. 27).

> „ich führe sehr viele Abteilungen mit 80 Mitarbeitern, ich hab´ sehr viele Personalgespräche, hab auch sehr viele nicht extrem schwierige, aber auch viele kritische Personalgespräche, und da ist es sehr sehr wichtig präsent zu sein und sehr wichtig dabei zu bleiben und fokussiert zu bleiben und abschalten zu können, wenn andere Sachen reinkommen. Und da bin ich total begeistert, wenn ich täglich meine Übungseinheiten mache, gelingt mir das" (II-2, Z. 4).

Dabei sind nicht allein die Einzelmerkmale entscheidend, sondern auch das Zusammenspiel verschiedener Einflussbedingungen. So arbeitet IV-2 (Z. 3) in einer Stabsfunktion ohne Führungsverantwortung und Teamarbeit überwiegend als Einzelkämpfer für den Inhaber und die Geschäftsführer, sitzt jedoch mit zwei Kollegen in einem Büro. Wichtig sind auch die Unterscheidungen, ob eine Person innerhalb einer Linien- und/oder Projektorganisation angesiedelt ist oder ob sie in der Zentrale oder in den Niederlassungen arbeitet bzw. als Zentrale für die Niederlassungen. Hieraus ergeben sich Anforderungskonflikte zwischen den Linienvorgesetzten und den Projektleitern (III-1, Z. 115) oder zwischen der Zentrale und den Niederlassungen:

> „Also hier ist das immer wieder mal die Situation, dass jemand mit einem erhöhten Pulsschlag bei mir anruft, oder ich denjenigen treffe, wo es dann darum geht, dieser Person auch den anderen Standpunkt darzulegen und zu erklären, was damit eigentlich gewollt ist. Kein Angriff gegen ihn, es geht nicht um Personen, es geht um das, was die Niederlassung eben jetzt in diesem Fall abgeliefert hat und jetzt lass uns mal gemeinsam analysieren, wie es dazu kam und dann lass uns daraus etwas Gutes machen" (V-1, Z. 46).

In dieser Situation spielt es ebenso eine Rolle, ob ein Bereich ein eigenes konkretes Produkt (z.B. eine Einspritzdüse) hat, über das er sich definieren kann oder ob dieser kein Produkt hat und sich daher über die Dienstleistung in Form von Kommunikation und Service definiert (IV-1, Z. 76). Fragen der Identität innerhalb des individuellen Arbeits- und Tätigkeitszusammenhangs scheinen insgesamt einen Einfluss auf den individuellen und gemeinsamen Umgang mit dem Thema Achtsamkeit zu haben. Dies scheint sich aus der Notwendigkeit eines Kohärenzgefühls zu ergeben. Dieses Kohäränzgefühl stellt die Voraussetzung für „[...] die Aktivierung von Bewältigungsstrategien und für die angemessene Erschließung und Nutzung der Unterstützungspotentiale des sozialen Umfeldes" (Höfer 2000, S. 145) dar.

Mit diesen Aspekten werden Einflussbedingungen angesprochen, die sich in der Subkategorie der **Unternehmensstruktur** widerspiegeln. Zur Unternehmensstruktur gehören Aspekte der Aufbauorganisation wie z.B. ein filialisiertes Handelsunternehmen mit

Außendienstmitarbeitern, welches in Regionen mit unterschiedlichen Geschäftsführern eingeteilt ist (I-1, Z. 13). Hierzu gehören aber auch Fragen der Ablauforganisation, d.h. wie offen oder verregelt die Zusammenarbeit ist (I-1, Z. 79), wie stark das Wachstum eines Bereiches oder Unternehmens ist und ob sich die Systemlandschaft mit diesem Wachstum mitentwickelt (III-1, Z. 5). In Zeiten der Globalisierung spielen auch Fragen der Produktionsstandorte und Absatzmärkte hinein (III-1, Z. 5) und damit Fragen der Führbarkeit von Mitarbeitern in verschiedenen Standorten (V-2, Z. 181). Die Komplexität jedes einzelnen Unternehmens lässt sich an dieser Stelle kaum abbilden. Für den Untersuchungszusammenhang wird daher eine integrierte Darstellung gewählt, bei der insbesondere der Schwerpunkt auf der Subkategorie der **Stakeholder** liegt, um das komplexe Gefüge der Anforderungen verdeutlichen zu können:

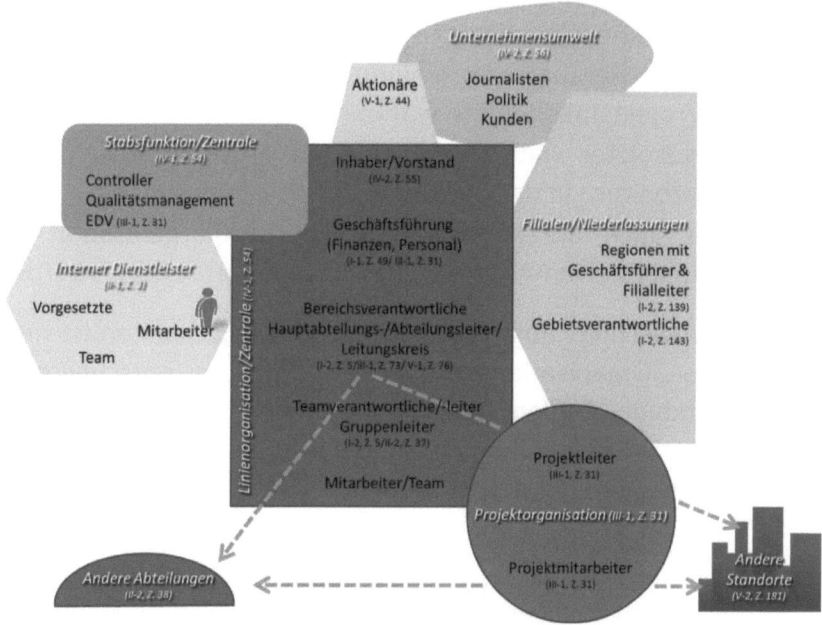

Abbildung 16: Stakeholder als Einflussbedingungen von Achtsamkeit in Organisationen

Mit den Subkategorien Arbeitsbereich, Unternehmensstruktur und Stakeholder ergeben sich Unterstützungsnotwendigkeiten auch mit Blick auf die Subkategorie der *(Selbst-) Führungsspanne*. So macht es für die Realisierung der Achtsamkeitspraxis einen Unterschied,

- ob jemand allein arbeitet und praktisch sein eigener Chef ist (III-1, Z. 5),
- Projektmitarbeiter ohne organisatorische Verantwortung ist (III-1, Z. 7) oder
- ein Bereichs- bzw. Hauptabteilungsleiter mit fünf Direct Reports und 49 Mitarbeitern ist (I-1, Z. 9),
- eine Abteilung mit über 40 Mitarbeitern zu führen hat (V-2, Z. 3) oder
- ein Team mit 10 Mitarbeitern führt (I-2, Z. 3),
- ein Teammitglied zur Prozessbegleitung anderer Teams mit dem Anspruch einer ganzheitlichen und einheitlichen Organisationslösung ist (II-1, Z. 68),
- Projektleiteraufgaben in einer Linienorganisation mit bis zu 10 Projektstakeholdern wahrnimmt (IV-1, Z. 10) oder
- Vorgesetzter mit einem direkten Mitarbeiter und drei Mitarbeitern in der Matrix (V-1, Z. 4) ist oder
- aber auch die Koordination einer Filalorganisation mit regionalisierten Arbeitskreisen verantwortet (I-2, Z. 170).

In diesem Ausschnitt über die Vielzahl der Möglichkeiten ist nicht die Art der Organisationsstruktur an sich das entscheidende Einflussmerkmal, sondern wie innerhalb der Organisation damit umgegangen wird und die Zusammenarbeit in ihrem Anspruch formuliert und geregelt ist:

> „Wir haben gemerkt, dass wir bestens zusammenarbeiten, wenn wir nicht zusammenarbeiten, dass eine relativ klare Aufgabenteilung und Zuordnung für am wenigsten Konflikte sorgt. Sondern das jemand auch eine Aufgabe selbstständig und alleine machen kann" (IV-2, Z. 146ff.).

„Ich begleite zwar eine Gruppe, aber wir sind als gesamtes Team für den Prozess verantwortlich, und da kann ich als Prozessbegleiter nicht unbedingt alleine bestimmen, was ich jetzt gerade als sinnvoll erachte, sondern wenn ich das Gefühl habe, ein Standardsetting passt jetzt für meine vorliegende Gruppe nicht, das dann mit dem Team und meine Kollegen zu erörtern, mit meiner Chefin natürlich mit im Boot, um da dann gesamtheitlich abzuwägen, was jetzt die richtige Lösung ist" (II-1, Z. 68).

9.5.2 Verhältnisse sozialer Ordnung: Organisationsinterne Anschlussfähigkeit der Achtsamkeitskonzepte

Für diese Zusammenhänge spielt das *Menschenbild* als Sub-kategorie eine einflussreiche Rolle. Diese verbirgt sich beispielsweise in den Wertannahmen, ob die Organisation kostenorientiert oder wertorientiert ausgerichtet ist (V-1, Z. 6) und welchen Stellenwert der Mensch für die Wertschöpfung einnimmt:

„Ja das klingt jetzt vielleicht ein bisschen hart, aber ich sag mal, letztendlich geht es doch in diesen ganzen Initiativen darum – wenn wir jetzt hier auf das ganze Thema Gesundheitsmanagement, [Balance at Work, Anonymisierung des Verfassers] heißt das bei uns. Es geht ja darum, einmal natürlich den Menschen, der gewisse Arbeitsbelastungen hat, durch solche Angebote zu helfen, diese Arbeitsbelastungen besser zu verkraften, ich will jetzt hier nicht zu sehr ins Detail gehen, mit dem Ziel, dass der auch seine Arbeitsleistung weiterhin bringen kann. Das ist der Hintergrund des Unternehmens. Wir sind ja alle keine Gutmenschen, die jetzt sozusagen Wohlgefühl für alle produzieren wollen, sondern es geht im Prinzip den Unternehmen darum, die Arbeitsleistung des Mitarbeiters zu fördern, zu erhalten und natürlich auf eine Weise, die sich dem Mitarbeiter auch ganzheitlich nähert" (II-4, Z. 66f.).

In diesem Verständnis wird Achtsamkeit häufig in die persönliche Verantwortung verlagert, da die Überzeugung vorherrschend ist, dass sich jeder nur selbst entwickeln kann (I-1, Z. 115) oder weil das Achtsamkeitsthema nicht für jeden organisationalen Zusammenhang semantisch anschlussfähig ist. Diese fehlende Anschlussfähigkeit zeigt sich in Beschreibungen, in denen geschildert wird, dass Mitarbeiter durch Achtsamkeit zu zimperlich oder sensibel werden, um etwas durchzusetzen (III-2, Z. 109), alles zu weich-gespült ist und man härter rangehen müsste (V-1, Z. 28). Mit diesem Menschenbild lässt sich auf *Herausforderungen* verweisen, die im unternehmerischen Kontext für das Thema Achtsamkeit wahrgenommen werden und die es zu bewältigen gilt.

Als Herausforderungen werden genannt: aktionärsgetriebener Wettbewerbs- und Zahlendruck (V-1, Z. 30), Gegenwind durch Importe aus Fernost (V-1, Z. 8), Umgang mit Veränderungen (I-1, Z. 53ff.), Information und Zeit (IV-2, Z. 69), Informationsflut durch E-Mails (V-2, Z. 69), häufige Themenwechsel im Unternehmen (V-2, Z. 23) und damit Wesentliches von Unwesentlichem zu trennen. Organisationale Transitions als Restrukturierung und Umorganisation (V-2, Z. 69) oder als Organisationsveränderungen (II-2, Z. 2) stellen sich dabei ebenso als Herausforderung dar, wie Arbeitsüberlastung (II-2, Z. 47), Multitasking durch Interaktionsvielfalt (III-1, Z. 35), spontane Projektübernahme mit verschiedenen Abteilungen (IV-1, Z. 54), aber auch Philosophieunterschiede zwischen verschiedenen Bereichen innerhalb des Unternehmens (I-1, Z. 14).

> „Und diese starke Veränderung ist für Mitarbeiter auch sehr stark verunsichernd. Vieles verändert sich, Kollegen ändern sich, Arbeitsinhalte haben sich verändert, Prozesse, Arten der Zusammenarbeit haben sich verändert und werden sich weiterhin verändern" (II-2, Z. 47).

Zusätzlich werden Krisensituationen in der Familie (I-2, Z. 81) oder ein Pendlerdasein durch eine Fernbeziehung als Herausforderung der Vereinbarkeit von Familie und Beruf genannt. Dazu kommt eine Unverbindlichkeit zentralorganisierter Programme für Filialen als ein „Kampf gegen Windmühlen" (I-2, Z. 171). Die Balance zwischen der Berücksichtigung der Anforderungen des Gesamtkontextes und des individuellen und potentialorientierten Mitarbeitereinsatzes (I-4, Z. 91ff.), die Zeitinvestition, als Führungskraft Spannungen, Konflikte und vorhandenes Verbesserungspotential sichtbar zu machen und zu moderieren (II-2, Z. 66), wird ebenso als Herausforderung empfunden.

Auf der Beziehungsebene wirkt das Nicht-wahrgenommen-werden (I-2, Z. 171) und die Nichtachtung durch andere (IV-2, Z. 70). Dies zeigt sich unter anderem in schlechten Angewohnheiten und dem Habitus (IV-2, Z. 72), beispielsweise in Meetings, wo alle „tippen und tappern" (V-2, Z. 45f.), anstatt sich auf das Meeting zu konzentrieren.

> „Achtsamkeit bedeutet für mich immer noch ein riesiger Spagat. Zum Beispiel ebenso eine Situation, wir haben offene Bürotüren, also es kommt jemand ins Büro, ich telefonier aber gerade mit jemand. Und solche Situationen sind ständig. Man arbeitet eben an einem Dokument, dann klingelt das Telefon, man muss entscheiden, nimmt man ab nimmt man nicht ab. Von mir wird erwartet, dass ich immer abnehme" (IV-2, Z. 20).

Mit diesem Beispiel lässt sich auf die Subkategorie *Raumsituation* als Kontextfaktor für Achtsamkeit verweisen. In dieser Kategorie kommt zum Vorschein, dass es einen Unterschied zu machen scheint, ob in einem Unternehmen eine inspirierende, offene und freie Gestaltung sowie Atmosphäre vorherrscht (I-1, Z. 121) oder Homeoffice möglich ist (I-1, Z. 121). Wenn Großraumbüros vorherrschen (II-1, Z. 21), werden diese dagegen als sehr trist wahrgenommen (III-1, 143), da sie in ihrer Gestaltung an Unternehmensvorschriften ausgerichtet sind (III-1, Z. 132f.). Mit der Beschreibung dieser Raumsituation kann noch einmal darauf verwiesen werden, dass die Kernkategorie *Kontexte* nach Strauss & Corbin (1996, S. 75) die intervenierenden Bedingungen zusammenfasst, die zu einem Phänomen als Rahmung dazugehören und dieses beeinflussen bzw. moderieren. Als zentrales Ergebnis dieses Abschnittes können als rahmengebende Elemente Philosophieunterschiede (I-1, Z. 14) und sich daraus ergebende Anforderungskonflikte (IV-2, Z. 21f.) innerhalb einer Organisation zwischen verschiedenen Bereichen benannt werden.

Die Anforderungskonflikte verweisen auf das komplexe Problem von Verhaltenserwartungen. Eine formale Organisation zielt darauf ab, Normen und Erwartungen zu generieren, die ein Zusammenleben oder besseres Zusammenarbeiten stabilisieren. Es geht um relativ stabile wechselseitige Verhaltenserwartungen, die bei einer Nichtanerkennung und -erfüllung schwerwiegende Sanktionen nach internen Regeln oder gar die Verwehrung der Mitgliedschaft nach sich ziehen (vgl. Luhmann 1994, S. 34ff.). Die Formalisierung einer Organisation beschreibt dabei noch keine bestimmte zu realisierende Qualität organisationaler Normen und Erwartungen, sondern charakterisiert lediglich eine Voraussetzung, die je systemspezifisch erzeugt wird und variiert.

Solche Normen werden häufig als Werte eines Systems beschrieben, die in sich widerspruchsfrei angelegt sind und nur denjenigen bloßstellen, der ihnen zuwiderhandelt bzw. sie ablehnt. Im konkreten Verhalten stellt dies ein Konfliktpotenzial dar, da Erwartungen existieren, die mit einer vorausbestimmbaren Ordnung nicht immer übereinstimmen. Insbesondere das Verhältnis von sozialer Ordnung in Form von Organisationen mit verschiedenen Standorten, Organisationsbereichen, Abteilungen und Teams mit Individuen geraten hier ins Blickfeld, weil die Rollenerwartungen durch die Umwelt und die Erwartung an das eigene Selbst einander widersprechen können. In den Interviews wird mit Blick auf die Stakeholder (vgl. Abb. 17) und die Tätigkeits- und Aufgabenmerkmale (vgl. Abb. 16) als Einflussvariablen für Achtsamkeit im Unternehmensalltag deutlich, dass es nicht DIE eine Organisation gibt. Vielmehr ist eine Organisation als ein differenziertes, fraktales Gebilde anzusehen, das als gemeinsamen Fokus eine Zwecksetzung definiert, aber innerhalb der Zwecksetzung verschiedene Wertesysteme ausdifferenziert: „Bei funktionierender Organisation wird nur abteilungsbezogen optimiert, es wird kein Gesamtoptimum erreicht" (Warnecke 1993, S. 65).

Der Blick auf die Fraktale eröffnet nach Jäger & Bouche (1999, S. 103) eine Perspektive auf einen dynamischen Prozess der Systementwicklung, der nicht allein auf die allzu oft anvisierte Ganzheitlichkeit ausgerichtet ist, sondern die Gestaltungseinheit Organisation in kleinere Einheiten – Fraktale - aufbricht.

> „Wir sind nicht ganz so schlecht dran im Großkonzern [Unternehmensname], weil wir eine relativ kleine, in sich abgeschlossene Einheit Sondermaschinenbau sind, die ein bisschen mehr Freiheiten hat wie jetzt beispielsweise ein großer Unternehmensbereich, der mit viel mehr Strukturen gesegnet ist als jetzt bei uns. Also ich kann ein Stück weit die Strukturen mit beeinflussen, weil sie für uns gegeben werden" (II-2, Z. 76).

Die Bezugnahme auf die Theorieperspektive des Neo-Institutionalismus erscheint in dieser Perspektive dazu geeignet, notwendige Transformationsprozesse bzw. deren Ausbleiben nicht auf einer gesellschaftlichen Makroebene wie zum Beispiel der politischen Ökologie oder Umweltpolitik zu analysieren, sondern die konkret handelnden Akteure zum Gegenstand zu machen. Die Akteure werden hier organisationstheoretisch als Organisationen und ihre Organisationseinheiten gefasst, wobei gerade der Blick auf die Rollenträger die Möglichkeit eröffnet zu untersuchen, welche institutionellen Grenzen vorliegen und auf welche institutionellen Ressourcen diese zugreifen können. Eine Transformation zur nachhaltigen Entwicklung, so soll hier die bildungstheoretische Hypothese in Bezug auf die oben aufgeworfene Fragestellung formuliert werden, ist zunächst und zuallererst ein Aushandlungsprozess innerhalb der Unternehmen, dann im organisationalen Feld und erst zuletzt mit den staatlichen Stellen.

> „Einer solchen Theorieperspektive geht es also nicht darum, deduktiv von einem schon bekannten, etwa modernisierungstheoretisch beschriebenen Prozess auszugehen und diesen empirisch zu unterfüttern, sondern sie hält dazu an, induktiv vom Handeln der Akteure auszugehen und Transformationspfade, die sich durch Akteurshandeln entfalten, nachzuzeichnen" (Mense-Petermann 2002, S. 237).

Das unmittelbare soziale Umfeld konkreter zwischenmenschlicher Interaktionen stellt für das Denken und Handeln ein Referenzsystem dar (vgl. Abschn. 9.6 & 9.7). Eine kohärente Entwicklung einer Verhaltensänderung für eine nachhaltige Entwicklung durch lebenspraktisches Orientierungswissen ergibt sich hier aus dem Zusammenspiel des Subjekts mit den anderen. Dies geschieht zwar nicht losgelöst von den generellen Entwicklungen in einem Unternehmen und der Gesellschaft, wie zum Beispiel der Diskurs um die Energie- und Umwelt-managementsysteme verdeutlicht, betont aber, dass die Verant-wortung für Veränderungen ihren Motor in den Organisations-bereichen und Abteilungen hat. Ein sich möglicherweise ergebender Austausch zwischen Strukturen und Prozessen mit konkreten Verhaltensweisen kann so zu einem organisationalen Lernen führen (vgl. Radatz 2011, S. 71), bei dem sich das, was als Verhalten und Interaktionen wahrscheinlich und anschlussfähig ist, in Richtung auf eine nachhaltige Entwicklung verändern kann. Dieser Prozess sollte allerdings nicht dem Zufall überlassen werden, sondern in einen geplanten Kulturwandel (vgl. Bullinger & Stiefel 1997, S. 134) mit einem achtsamen Prozess-management (vgl. Schnetzer 2014, S. 4) eingebettet sein.

9.6 Bewusstsein ist der erste Schritt: Ermöglicher und Ressourcen von Achtsamkeit in Organisationen

Eine dialogische Praxisforschung berücksichtigt die sozialen Kognitionen und bezieht den sozialen Kontext, innerhalb dessen eine Kognition abläuft, ein (vgl. Klatetzki 2006, S. 50ff.). Damit wird die „[...] role of evolutionary and cultural forces, and exploring the functionality of perception-action links" (Böckler et al. 2010, S. 233) berücksichtigt, um die individuelle und organisationale Entwicklung im Zusammenhang zu betrachten, zu verstehen und zu gestalten. Besonders die „perception-action links" geben Aufschluss darüber, wie durch die Beobachtung anderer Individuen Schlussfolgerungen für das eigene Handeln gezogen werden. Durch die Orientierung auf die soziale und individuelle Dimension von Kognitionen können die Wechselwirkungen analysiert werden, die aufgrund der Akteure und der institutionellen Umwelt entstehen. Menschliches Handeln ist in diesem Verständnis mehr als planmäßig und rational, es ist vor allem erfahrungsbasiert und damit subjektiv. Erfahrung bedeutet für Böhle (2009, S. 176) ein Zweifaches:

1. Erfahrung bedeutet Besitz eines Schatzes und Routinen, die Handlungsfähigkeit ermöglichen.
2. Erfahrung bedeutet aber auch die Existenz von Mustern, die Erfahrungen auch verhindern können.

Erfahrungsbasiertes Handeln schließt daher immer auch ein „'Erfahrung-machen' im Sinne eines 'sich-einlassens' ein. Die Bereitschaft und Fähigkeit, die Welt auf dem Wege des Erfahrens zu erkunden und kennenzulernen ist hier die zentrale Grundlage von Wissen und Können" (ebd.). Damit wird die Analyse auf die Frage gelenkt: Was sind die Ermöglicher und Ressourcen von Achtsamkeit in Organisationen, die veränderte Erfahrungen im Selbst- und Weltbezug zulassen? Innerhalb der Darstellung dieser Kernkategorie wird die Fragestellung verfolgt, welche Faktoren der sozialen Dimension die Entwicklung und Umsetzung eines lebenspraktischen Orientierungswissens unterstützen. Außerdem wird nach Möglichkeiten der individuellen und organisationalen Lernprozessgestaltung gefragt. Diese beziehen sich auf Prozesse der Systementwicklung für eine nachhaltige Entwicklung als gemeinsamer Deutungsentwurf für die Alltagspraxis. Die Ergebnisdarstellung in dieser Kernkategorie lässt sich mit ihren Subkategorien in drei Cluster zusammenfassen:

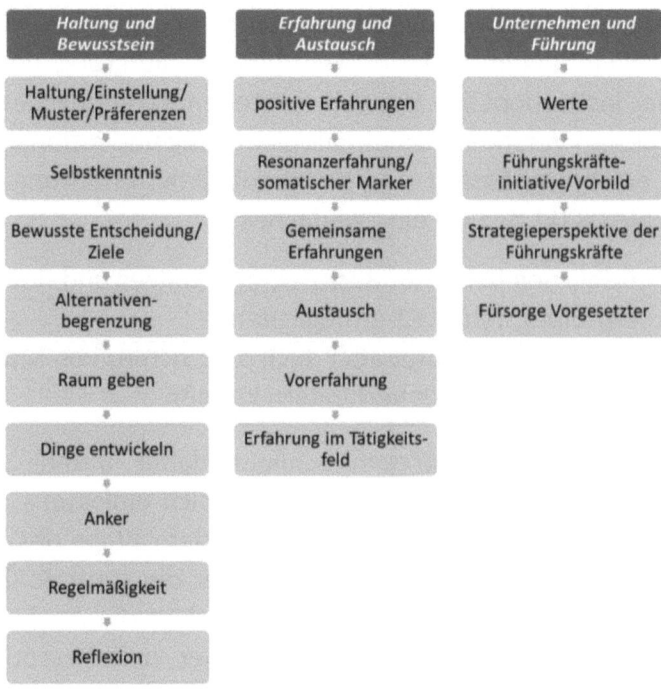

Haltung und Bewusstsein	Erfahrung und Austausch	Unternehmen und Führung
Haltung/Einstellung/ Muster/Präferenzen	positive Erfahrungen	Werte
Selbstkenntnis	Resonanzerfahrung/ somatischer Marker	Führungskräfte- initiative/Vorbild
Bewusste Entscheidung/ Ziele	Gemeinsame Erfahrungen	Strategieperspektive der Führungskräfte
Alternativen- begrenzung	Austausch	Fürsorge Vorgesetzter
Raum geben	Vorerfahrung	
Dinge entwickeln	Erfahrung im Tätigkeits- feld	
Anker		
Regelmäßigkeit		
Reflexion		

Abbildung 17: Kernkategorie „Ermöglicher/Ressourcen von Achtsamkeit in Organisationen"

9.6.1 „Ready for Anything": Haltung und Bewusstsein als Startpunkt und Ziel

Der Kern der Achtsamkeitspraxis kann im Cluster **Haltung und Bewusstsein** gesehen werden. Diese Aspekte bringen zum Ausdruck, dass eine Übungspraxis allein nicht zu einem wie auch immer gearteten Erfolg führt, so Sauer et al. (2011, S. 339). Vielmehr übt die **Haltung** einen maßgeblichen Einfluss aus. Die Haltung bezieht sich einerseits auf das Thema Achtsamkeit selbst, das Momente des Innehaltens (I-1, Z. 85) ebenso umfasst, wie den generellen achtsamkeitsbezogenen Mindset (II-1, Z. 3). Die Haltung mit der Ausprägung von generellen **Einstellungen, Mustern und Präferenzen** bezieht sich andererseits aber auch darauf, mit welchem Blick auf die eigene Arbeit und das Umfeld geschaut wird. Dabei geht es beispielsweise um das Lösen von eigenen Kontrollzwängen (II-1, Z. 73) und darum, sich nicht stören zu lassen (II-2, Z. 23), ein Thema erst abzuschließen, bevor ein nächstes bearbeitet wird (III-1, Z. 125), mit der eigenen Leistung zufrieden zu sein (III-1, Z. 21) oder sich bei einer schlechten Leistung nicht hineinzusteigern gemäß dem Motto „Don`t feed the Monsters" (III-3, Z. 89). Die bedeutet auch, die Angst, Erwartungen nicht zu erfüllen, hinter sich zu lassen (II-2, Z. 76), aber auch Vertrauen in den Weg und die Methode zu haben (II-2, Z. 73).

> „Eigentlich müsste ich noch die Einstellung haben, es noch ruhiger zu machen. Da bin ich noch dabei, dass ich sage, ich gebe vielleicht noch einen Anstoß, aber das andere machst du bitte selbst" (IV-1, Z. 91).

Aspekte der **Selbstkenntnis** unterstützen die eigene Achtsamkeit, weil die eigenen Muster, Präferenzen und Einstellungen dann explizit zur Verfügung stehen und eine bewusste Entscheidung für den Umgang mit diesen getroffen werden kann. Reiz-Reaktions-Muster können auf diese Weise unterbrochen und durchbrochen werden (vgl. Baus 2015, S. 57).

> „Aber was ganz wichtig ist und für mich auch wieder in die Achtsamkeit reinspielt, ist zu wissen, wie ich selbst ticke und wie mein Gegenüber tickt. Das wahrzunehmen und nicht als Kritik zu sehen, wenn der andere anders tickt, oder eine andere Einstellung oder Meinung zu etwas hat, das sozusagen als Angriff zu nehmen, sondern das einfach zu akzeptieren" (II-1, Z. 43).

Notwendig ist, sich der eigenen Baustellen (V-2, Z. 57) und derjenigen im Team (II-2, Z. 15) bewusst zu werden und sich gegenseitig darauf aufmerksam zu machen (IV-1, Z. 97). Sie zu kennen unterstützt dabei „Stopp zu sagen" (IV-1, Z. 61), diese loszulassen und neue Wege zu gehen (III-1, Z. 105). Letztlich geht es darum, sich in jeder Situation des beruflichen Alltags *bewusst zu entscheiden* (II-2, Z. 15), bewusst für eine Aufgabe, weil sie Zeit in Anspruch nimmt (III-1, Z. 11), jedoch auch bewusst Grenzen zu setzen, um gut und gesünder mit sich umzugehen (III-2, Z. 17), achtsam für sich zu sein (V-1, Z. 12), aber auch Herausforderungen bewusst anzunehmen und nicht im Widerstand zu verharren (IV-1, Z. 57).

> „Ich meine, Bewusstsein ist der erste Schritt, zumindest mal eine bewusste Entscheidung, ich hüpfe jetzt weiter, oder nein, ich mache wirklich erst das fertig" (V-2, Z. 59).

Der berufliche Alltag besteht bei den Interviewten häufig aus unzähligen Optionen. Das Formulieren von klaren *Zielen* (IV-1, Z. 106) unterstützt daher, die bestehenden *Alternativen zu begrenzen*.

> „[...] dass sie mal überlegen, was denn so die Optionen sein könnten, dass sie nicht ganz so unsicher sind. Wo könnte es denn überhaupt hingehen? Und sich wirklich mal bewusst Gedanken machen, in welche Richtungen es denn jetzt gehen könnte, und da gibt es zum Beispiel eigentlich jetzt nur noch zwei Richtungen" (III-1, Z. 55).

Die Alternativbegrenzung bezieht sich nicht allein auf die Komplexität beruflichen Handelns, sondern auch auf die eigene Entwicklung und die eigene Achtsamkeitspraxis, d.h. sich etwas Konkretes herauszusuchen, das es auszuprobieren oder im eigenen Verhalten zu „optimieren" gilt (III-1, Z. 111). Alternativbegrenzungen können sich auch aus dem (fortgeschrittenen) Lebensalter ergeben, weil hier die Option besteht, nicht mehr alles mitmachen zu müssen (IV-1, Z. 16). Gemeinsam abgestimmte Konventionen (IV-2, Z. 82) unterstützen gemeinsames achtsames Handeln oder die Veränderung der Wahrnehmung der Zeitperspektive zur Fokussierung auf den Augenblick (vgl. Bonney 2011, S. 55):

> „Meine Strategie ist jetzt vielleicht nicht ganz so extrem „Lebe den Tag", aber zumindest wirklich die Langfristigkeit auszublenden. Weil sie ist einfach, es kommt sowieso anders oder kann halt ganz schnell anders kommen als wie das, auf das man sich ausrichtet. Das heißt, ich versuche jetzt wirklich für mich selber einfach, meinen Job im Kurzfristigen gut zu machen [...]" (V-2, Z. 203).

Achtsamkeit, insbesondere im Anfangsstadium eines Lern- und Veränderungsprozesses, wird nicht als Selbstläufer wahrgenommen. Als Ermöglichungsbedingung wird durch die Interviewten klar formuliert, dass es nötig ist, diesem Thema in sich und im Team **Raum zu geben**. Raumgeben kann sich einerseits auf ein Handeln beziehen, was ohne Ziele und Zwecke ist:

> „Das macht schon etwas aus, also sich diese Zeit zu nehmen und zu wissen, die ist für nichts Anderes da als nur so" (I-2, Z. 93).

Raum geben bezieht sich aber auch auf das gemeinsame Interagieren, indem Achtsamkeit immer wieder eingefordert und daran erinnert wird, auch wenn subjektiv eine Zeitnot besteht (I-4, Z. 123). Selbst regelmäßig zu meditieren ist dabei ebenso ein Trigger-punkt, wie die Mitarbeiter immer wieder dazu anzuregen (II-2, 11/49), beispielsweise als Check-In-Meditation zum Beginn eines Meetings. Raum geben bedeutet damit auch, eine Achtsamkeitspraxis als ein Übergangsritual zu sehen, um Übergänge zu schaffen (V-1, Z. 84), beispielsweise als bewusster Wechsel von der Arbeitszeit in den Feierabend (III-1, Z. 17), eine mentale Pause zwischen einem stressigen Gespräch und dem nächsten Termin (IV-1, Z. 56), rechtzeitig zu einem Termin losfahren und ankommen, um ein paar Augenblicke im Auto tief durchatmen zu können (IV-1, Z. 89), bewusst weit weg zu parken, um bewusst ins Büro oder zum nächsten Termin zu gehen (IV-2, Z. 98). Achtsamkeit kann auch als Ritual für eine Veränderung der eigenen Wahrnehmung dienen, indem bei negativen Emotionen innegehalten wird (III-3, Z. 95) oder bei positiven Ereignissen eine Würdigung erfolgt:

> „Man nimmt sich fünf Perlen in eine Hosentaschenseite und immer wenn es ein freudiges Ereignis ist, hält man kurz inne und nimmt die Perle und freut sich quasi und reflektiert nochmal bewusst dieses Ereignis und tut die Perle in die andere Hosentasche" (III-1, Z. 19).

Raum geben hat auch arbeitsorganisatorische Facetten wie das Einplanen von Zeitfenstern für die persönliche Arbeit oder die

Arbeit im Team für ein bestimmtes Thema (III-1, Z. 33). Achtsamkeit wird durch die eigene Arbeitsorganisation gefördert und wie V-2 (Z. 69) unter Verweis auf David Allen (2003) darstellt. Die Berücksichtigung grundsätzlicher Produktivitätsprinzipien, wie der Autor in seinem Buch „*Ready for Anything*" beschreibt, unterstützt dabei, den Kopf frei zu bekommen: „Closing open loops releases energy" (Allen 2003, S. 24).

Raum geben kann sich so gesehen auf die äußere Seite des Tuns beziehen, was räumliche Aspekte wie Einzelbüro (V-2, Z. 93) vs. Großraumbüro (III-3, Z. 87) ebenso umfasst, wie einen entspannten Rückzugsort (III-1, Z. 115) oder einen Zwischenort wie auf einem kleinen Spaziergang im Park vor dem Essen (IV-1, Z. 89). Raum geben kann sich auch auf die innere Dimension des Seins beziehen:

> „Offenheit kultiviert sich dort, wo Emotionen offen gelebt werden dürfen, ohne dass sie quasi negativ sanktioniert sind. Das ist, glaube ich, was Wichtiges, weil wenn man nämlich Emotionen einschließt oder auch dann die Teamleiter ihre Emotionen einschließen, dann fangen die an, mit den Zähnen zu knirschen, weil das muss ja irgendwo hin. Also da würde ich mal sagen, die dürfen sozusagen ihre Emotionen auch rauslassen dürfen" (V-2, Z. 226).

Im Zusammenhang mit dieser Subkategorie können die Subkategorien *Dinge entwickeln, Anker* und *Regelmäßigkeit* gesehen werden. Für die Interviewten scheint es für die eigene Entwicklung und Achtsamkeit bedeutsam zu sein, eigene Strategien zu entwickeln. Dazu kann auf der individuellen Ebene die eigene Taktung im Tag gehören. Beispielsweise ist es hilfreich, dass das Verhältnis von Arbeit und Freizeit geregelt ist (mittags schwimmen, abends arbeiten) (I-2, Z. 15ff.) oder eigene Ansätze der mentalen Pause gefunden werden wie in einem 10-20km-Lauf (IV-1, Z. 6) oder bei einem Spaziergang mit dem Hund (V-1, 76). Diese eigenen Strategien erscheinen besonders dann wirksam, wenn die Achtsamkeitspraxis als stilles Sitzen Schwierigkeiten bereitet, weil eine Kette von Gedankenassoziationen von dem eigentlichen

Anliegen der Achtsamkeitspraxis ablenkt (vgl. Ott 2010, S. 101). Wichtig scheint gerade im Weg der sportlichen Betätigung zu sein, darauf zu achten, ohne Leistungsdruck aktiv zu sein, sondern durch die Betätigung den körperlichen und mentalen Spannungsabbau zu unterstützen.

Auf der kollektiven Ebene gehört zur Entwicklung von eigenen Ansätzen, das Team oder die Abteilung anzuschauen und die Art der internen Organisation und Zusammenarbeit auf den Prüfstand zu stellen (II-1, Z. 17). Dies kann beispielsweise dadurch geschehen, dass der Arbeitstag hinsichtlich der Zeitfenster für die Arbeit und für Meetings abgestimmt wird (III-1, Z. 64).

Hier ließen sich noch zahlreiche weitere Beispiele aufzählen, die in den zahlreichen Ratgebern zur Meditations- und Achtsamkeitspraxis ebenfalls ausgeführt werden. Da der vorliegende Forschungsbericht nicht zum Ziel hat, als Achtsamkeitsratgeber zu fungieren, soll diese Darstellung exemplarisch bleiben. Entscheidend scheint es bei allen individuellen und kollektiven Strategien zu sein, *Anker* als Erinnerungs- und Aufforderungselement zur Verfügung zu haben und damit regelmäßig auf das Thema Achtsamkeit zurückgeworfen zu werden. Ein Anker dient dazu eine Hirnregion neuronal zu aktivieren, indem eine häufig hergestellte Verbindung die Wahrnehmung beeinflusst und das gezeigte Verhalten dadurch verändert wird (vgl. Duss 2016, S. 37). Letztlich geht es um Dinge wie Postkarten aus dem Achtsamkeitstraining mit Sinnsprüchen (IV-2, Z. 86), ein Reminder in Outlook (III-1, Z. 43), Perlen in der Hosentasche (III-1, Z. 19), eine Achtsamkeits-App (I-2, Z. 105), ein Plüsch-Eichhörnchen in der Handtasche zur Erinnerung an eine mental entspannte Situation (IV-2, Z. 100), eine Ampel als Symbol auf dem Schreibtisch (V-1, Z. 18) oder die Frage am Telefon „wie geht es Dir" (IV-2, Z. 45):

> „Wenn das nun wirklich diese Erinnerungen, wenn der andere das fragt, dass man das zum Anlass nimmt, inne zu halten und zu gucken, wie geht es mir denn gerade, wie geht es mir wirklich. Und das auch eben bei

Besprechungen oder bei Sitzungsrunden eben da auch gefragt wird, wie geht es dem Einzelnen, dass man auch weiß, wo holt man den ab" (IV-2, Z. 47).

„Aber man muss es trainieren, man muss sich dran erinnern, man muss auch von anderen ständig dran erinnert werden. Ohne Training kein Erfolg" (IV-2, Z. 160).

Dieses „Sich-ständig-daran-erinnern" wird seitens der Untersuchungsteilnehmer auch durch die Subkategorie *Reflexion* zum Ausdruck gebracht. Die Reflexion dient dazu, sich das eigene Verhalten an einem Tag oder in einer Woche noch einmal bewusst zu machen. Dahinter kann der Ansatz gesehen werden, dass eine Selbstbeobachtung durch Reflexion zu einer Achtsamkeit führt. Achtsamkeit selbst wirkt dabei zirkulär auf die Selbstbeobachtung und schärft den Blick für sich selbst und die Situation sowie für sich selbst in der Situation (vgl. Mahler 2013, S. 40). Dazu können Bücher über Achtsamkeit hilfreich sein (V.2, Z. 29) oder ein Achtsamkeits-, Erfahrungs-, Selbstreflexionsbuch (III-1, Z. 108). Ein regelmäßiger Achtsamkeitsreminder unterstützt auch retrospektiv am Abend dabei, sich über die eigene Achtsamkeit am Tag bewusst zu werden (IV- Z. 115).

9.6.2 Achtsamkeit in Organisationen braucht Resonanz: Erfahrung und Austausch als Ermöglichungsbedingung

Mit der Reflexion von Achtsamkeit wird ein unmittelbarer Bezug zu dem Cluster der *Erfahrung* und dem *Austausch* in der Kernkategorie hergestellt. Die eigentliche Kompetenzentwicklung neben dem Achtsamkeitstraining als formaler Ansatz kann darin gesehen werden, „[...] intellektuelles Wissen gefühlsmäßig und körperlich erfahrbar zu machen, es mit Leben zu füllen [...]" (Gottwald 1995, S. 21). Dies kann einmal durch die Wahrnehmung auf das Bewusstmachen eigener Erfahrungen geschehen, aber auch durch den Austausch der Erfahrungen mit anderen ins Bewusstsein geholt werden. Gewissheiten werden nicht allein über den Selbstkontakt des Geistes geschaffen bzw. aufgelöst, sondern sind als sozial konstruierte Phänomene als Teil von Bildungs- und Kompetenzentwicklungsprozessen zu berücksichtigen, so Böhle (2009, S. 179).

Der Zugang zu einer individuellen und gemeinsamen Achtsamkeitspraxis in einem Unternehmenskontext wird unter anderem durch die persönliche **Vorerfahrung** mit dem Thema beeinflusst. Privat spielen Aktivitäten wie Sport treiben (IV-1, Z. 14) oder regelmäßiges Yoga (V-2) eine Rolle. Persönliche Erfahrungen durch andere Seminare (II-1, Z. 13) und Schulungen in einem artverwandten Themengebiet (V-1, Z. 18) unterstützen die eigene Achtsamkeit ebenso, wie Erfahrungen in einem anderen Kulturkreis, um

> „eher nicht so das Negative in den Vordergrund zu stellen, sondern auch mal die positiven Seiten zu sehen" (III-1, Z. 21).

In diesen Bereich zählen auch gemeinsame Vorerfahrungen, die sich aus der Unternehmenskultur ergeben, d.h. dass sich das Thema Achtsamkeit hier einfügt, da eine am Menschen orientierte Kultur stark den achtsamen Umgang miteinander im Fokus hat (I-2, Z. 99). Auch das Gegenteil in Form einer eher rücksichtslosen Unternehmenskultur kann zu einer Lebenserfahrung führen, die den Zugang zum Thema Achtsamkeit unterstützt (V-1, Z. 66). Insgesamt wird der Achtsamkeitsprozess jedoch durch **positive Erfahrungen** (III-1, Z. 29) moderiert. Positive Erfahrungen wie ein Flowerleben (II-2, Z. 21) oder der Wechsel von Frust in der Arbeit zu Spaß an der Arbeit (II-2, Z. 36), aber auch wahre „Wunder" in der Wirkung einer achtsamen Gesprächsführung gegenüber den Chefs (IV-2, Z. 51f.) zeigen auf, dass sich in Kombination mit anderen Methoden wie Osteopathie körperliche Beschwerden auflösen (V-2, Z. 39) oder sich gemeinsame Stressfaktoren verändern (IV-1, Z. 42).

Positive Erfahrungen werden durch innere *Resonanzerfahrung* und *somatische Marker* zusätzlich verstärkt. Achtsamkeit ist so gesehen nicht nur als gutes Gefühl einer besseren Zusammenarbeit real spürbar (I-1, Z. 85; 135), sie zeigt auch an, dass etwas fehlt, wenn die regelmäßige Achtsamkeitspraxis ausbleibt (I-2, Z. 33) oder sich jemand in einer Situation permanent unwohl fühlt (V-1, Z. 12). Dies kann als diffuses Bemerken einer Veränderung in Erscheinung treten, ohne das kognitiv und rational erklären oder begründen zu können. Die Veränderung wird dabei als ein gutes Gefühl, froh sein (I-2, Z. 17) oder weniger gestresst sein (II-1, 74), beschrieben. Strauss & Mandelbaum (2013, S. 187) beschreiben diesen Anteil der Wahrnehmung als das „somatische Selbst". Hierbei ist eine Veränderung der Strukturen in den Gefühlsmustern Träger für Veränderungen. Ein bildungstheoretisches Verständnis des Beitrages zu einer nachhaltigen Entwicklung bedarf hier der Berücksichtigung einer Dynamik, die gewohntes Terrain verlässt, Grenzen überschreitet und zu neuartigen Erfahrungen führt. Strukturen sind mittels eines didaktischen Arrangements durch die Lernenden in Frage zu stellen - aber nicht allein durch Reflexion, denn das wäre einseitig kognitiv, sondern durch Körpererfahrungen, um die affektive Komponente des Erlebens anzusprechen. Entsprechend der These von Ciompi (1982, S. 79), dass die Kognitionen auf die Affekte aufmodelliert werden, besteht auch nur ein marginaler Bedarf an ergänzender Reflexion.

Damit sich das somatische Erleben in Diskurskontexte einfügen kann und ihnen nicht nur gegenübersteht, können *gemeinsame Erfahrungen* als Brücke zwischen einer individuellen und sozialen Entwicklung gesehen werden. Ein wesentlicher Bestandteil einer systemischen Sichtweise ist die Annahme, dass jeglicher Wandel und jede Veränderung nur in einem Prozess entstehen kann, der Notwendiges (Denken, Fühlen, Handeln etc.) belässt, aber Mögliches stört, um Angebote eines neuen Denkens, Fühlens und Handelns in den gemeinsamen Erfahrungsraum der Subjekte zu rücken (vgl. Arnold 2009, S. 97). Dass eine große Anzahl der Mitarbeiter und Gruppenleiter am Achtsamkeitsseminar teilgenommen haben, stellt sich so für den Hauptabteilungsleiter II-2, (Z. 25) als großes Glück dar.

„Und bei den Führungskräften, die jetzt ja schon etwas länger an dem Thema dran sind gibt es solche, die sich stärker mit den Themen beschäftigt haben und es gibt welche, die es komplett ablehnen. Und bei denen, die sich damit beschäftigt haben, ist es viel einfacher geworden, solche Konfliktherde, aber auch Spannungen, aber auch Ängste direkt anzugehen. [...]

Also wir haben zusammen nicht Schweine gehütet, aber meditiert und da geht man anders miteinander um" (II-2, Z. 38).

Das gemeinsame Erfahren und Durchleben eines Veränderungsprozesses im Team kann dazu führen, dass auch der Chef eines Untersuchungsteilnehmers die Hinweise aus dem Achtsamkeitstraining in Bezug auf die Arbeit mit dem Team berücksichtigt (III-1, Z. 63). Die Führungskräfte können hier als Gatekeeper für das Thema Achtsamkeit und damit für den Aufbau organisationaler Kompetenzen (vgl. Stahl 2000, S. 411) gesehen werden. III-1 (Z. 69ff.) spricht beispielsweise von einem

„[...] glücklichen Zufall, dass alle Führungskräfte vom Corporate Controlling dieses Modul besucht haben, oder diese Achtsamkeitsreihe. Wir versuchen das dann auch untereinander und mit den Mitarbeitern zu beherzigen. [...] Also bei uns im Bereich hat man da schon eine breite Lobby, um das Thema dann auch runter an die Mitarbeiter zu bringen"

Ist im Gegenzug ein Teilnehmer in solch einem Seminar aus seiner Abteilung allein, wird das Thema Achtsamkeit zu einer privaten Angelegenheit (III-2, Z. 105), was die Umsetzung - im Gegensatz zu einer Gemeinschaftspraxis - erschwert, weil keine Anschlusspunkte in der persönlichen Kommunikation und dem gemeinsamen Handeln bestehen (IV-2, Z. 184). Damit sind keine totalitären Veränderungshoffnungen verbunden, jedoch der Wunsch, die eigene Kultur der Zusammenarbeit zu verändern, da Menschen nur gemeinsam versuchen können, Dinge zu bewegen (V-1, Z. 104).

„[...] wenn der eine oder andere dann bei einem Meeting mal sagt, dass wir bei der Achtsamkeitsstudie gesagt haben, es macht Sinn, dass man vorher mal noch zwei Minuten ganz ruhig sitzen bleibt und in sich geht. Dann sind dann ein paar dabei, die fragen, was das bitteschön soll, und wenn die dann mitgemacht haben, und haben das vielleicht auch als angenehm empfunden, hat man ja genau das erreicht, was man wollte, dann denken die vielleicht auch weiter darüber nach und sind irgendwann mal dazu bereit, bei so etwas mitzumachen" (IV-1, Z. 128).

Der öffentliche *Austausch* über das Thema kann für dieses Anliegen Anknüpfungspunkte (I-1, Z. 43) liefern. Die Anknüpfungspunkte können sich aus den Berichten der eigenen Erfahrung ergeben (I-2, Z. 117), dem gemeinsamen Praktizieren (I-1, Z. 111) oder einem Stufenprozess mit Workshops, in denen gezielt thematisiert wird, was und welche Abläufe im Team gut oder schlecht funktionieren (II-1, Z. 15).

> „Thema Präferenzanalyse, zum Start in das Thema 2 „Teamorganisation". Um eben in erster Linie, bevor man in Stufe 2 auf die Prozesse schaut zu sehen, was denn eben an zwischenmenschlichen Dingen, an Verständnis und an Transparenz notwendig ist, um dann eben auch wertschätzend Prozessthemen und Ablaufthemen angehen zu können"

Eine Präferenzanalyse meint hierbei, dass nach einem vereinfachten psychologischen Modell Verhaltens-, Kommunikations- und Persönlichkeitsmerkmale in einem Team erfasst werden. Aus diesen Merkmalen wird ein Rollenmodell entwickelt, welches einem Team Hinweise darauf geben soll wie jeder persönlich „tickt" und wie trotz dieser Unterschiedlichkeit die Zusammenarbeit abgestimmt und gestaltet werden kann (vgl. bspw. VPA 2015). Mit diesem Verweis kann verdeutlicht werden, dass eine Veränderung zu mehr Achtsamkeit sowohl von der Beziehungsebene mit den zwischenmenschlichen Faktoren bestimmt wird als auch von Prozessinformationen. So hat beispielsweise III-1 (Z. 13) eine Verhaltensweise geändert, mit der er in der Zusammenarbeit zunächst auf Irritationen gestoßen ist. Eine Darstellung und ein anschließender Austausch über die Beweggründe haben beim Gegenüber für Akzeptanz gesorgt. Der Austausch kann auch systematischer erfolgen, indem konkret Termine festgelegt werden, bei denen Themen identifiziert werden und eine Vereinbarung getroffen wird, wie diese innerhalb der Abteilung umgesetzt werden sollen (III-1, Z. 73). Unabhängig davon, wie genau ein Ansatz zur Förderung einer solchen nachhaltigen Entwicklung aussehen kann, verweisen die Interviews darauf, dass es einer aktiven Informations- und Gestaltungsarbeit (IV-1, Z. 125) bedarf, um das Thema weiterzutragen.

Unter dem Aspekt der Erfahrung spielt auch die **Erfahrung im Tätigkeitsfeld** für die Entwicklung der persönlichen Achtsamkeit eine Rolle.

> „Voraussetzung für Achtsamkeit ist ein gewisser Erfahrungsschatz in dem, was ich tue" (II-1, Z. 73)

Aus diesem Erfahrungsschatz erwachsen Routinen, die eine Abschätzung der Folgen des eigenen Handelns ermöglichen, wie zum Beispiel für den Umgang mit Fehlern bzw. der typischen Reaktion der Umwelt auf persönliche Fehler (I-2, Z. 155). Der Erfahrungsschatz sorgt aber auch für ein Repertoire, das abrufbar ist und dadurch mentale Ressourcen für die eigene Achtsamkeit zur Verfügung stellt (II-1, Z. 72). Lebenserfahrung, so IV-1 (Z. 61), schützt vor Aktionismus:

> „[…] aufgrund auch meiner Erfahrung und aufgrund meines Alters bin ich in der Lage, viel eher als manch junger Mensch, der richtig unter Strom steht, der sich dann viel schneller zu irgendetwas verleiten lässt und glaubt, dass seine Stärke ja dadurch sichtbar wird, weil er sofort aus der Hüfte die Antwort weiß"

9.6.3 Challengen war gestern: Werteorientierte Führung für ein „Walk the Talk"

Mit diesem Beispiel wird auf die generellen Rahmenbedingungen verwiesen, die sich in Subkategorien des Clusters **Unternehmen und Führung** zeigen. **Werte**, wie sie in dieser Subkategorie zum Ausdruck kommen, prägen die Lernkultur (I-1, Z. 55) eines Unternehmens. Diese Lernkultur steht dafür, ob das Thema Achtsamkeit einfach ein isolierter Baustein ist, der sich nicht in das

Wertepuzzle der Unternehmen einfügt oder ob es ein Baustein ist, der gut integrierbar ist (I-1, Z. 115), wie zum Beispiel in Form von Werten der Wertschätzung, Fehlerkultur (I-2, Z. 107; 133) oder Zeitkultur (III-1, Z. 124), Offenheit und Vertrauen (IV-1, Z. 99).

> „Die dialogische Führung gibt ja auch Beratung und Transparenz-begegnung als Mittel vor, um zu einer Entscheidung zu kommen" (I-2, Z. 113).

Mit diesen Werten werden Aspekte benannt, die unter Umständen einer Kultur, die durch die Aktionäre monetär getrieben ist, widersprechen, da hier das „Challengen" der Mitarbeiter einen großen Wert einnimmt. Die Frage nach dem sinnhaften WOZU geht dabei nämlich verloren (V-1, Z. 26; 30). Achtsamkeit kann sich dementsprechend dort entfalten, wo die äußeren Werte mit den inneren Werten in Einklang gebracht werden können (V-1, Z. 32), weil die Führungskräfte und Mitarbeiter

> „[...] da eine persönliche Werteklarheit darüber brauchen, was ihnen in ihrem Team wichtig ist und einschließlich natürlich auch eine Vorstellung von Instrumenten oder Schritten, die dazu beitragen, das auch sicher zu stellen" (V-1, Z. 41).

Werte stellen im Verständnis der strategischen Unternehmens-führung den Grundpfeiler im Entscheidungsprozess dar. Führungs-kräfte als Schlüsselpersonen sind in diesem Prozess im Sinne der Werte maßgeblich an der Willensbildung und -durchsetzung mit ihrem Führungsverhalten beteiligt (vgl. Hahn 1999, S. 31). Führungskräfte habe so gesehen eine Doppelfunktion. Sie müssen in einer Angelegenheit **Vorbild** und Vorreiter (I-1, Z. 81) sein und gleichzeitig in die **Initiative** gehen, sich einer Sache annehmen (IV-1, Z. 51) und ein Thema am Leben erhalten (III-1, Z. 103). Führungskräfte moderieren wesentlich, welche Ideen und Konzepte in einer Organisation bedeutsam sein sollen und verfolgt werden (I-1, Z. 55).

> „Organizations and leadership that cultivate and honor the above meta-values are what I like to call ´authentiziotic´, a label that melds the Greek

words authenteekos (authentic) and zoteekoss (vital to life)" (Kets de
Vries 2006, S. 379).

In diesem Sinne ist gelebte Authentizität das Schaffen von Visionen,
Missionen, Kultur und Strukturen, die Menschen dabei
unterstützen, sich lebendig und in ihrer Mitte zu fühlen. Es geht um
Hingabe, Lebenssinn und Lebensglück, denn dies fördert die
Zusammenarbeit und das Engagement für effektive Organi-
sationen, so der Autor. Das eigene Verhalten der Vorgesetzen und
Chefs trägt dazu bei, eine Veränderung gelebt sichtbar werden zu
lassen und dadurch Ausgangspunkt für eine Veränderung bei den
Mitarbeitern zu sein (II-2, Z. 25).

> „Ich sage mal, meine Aufgabe ist vor allen Dingen, erst mal das bei mir
> zu machen, das auch vorzuleben und ein Stück weit auch diese
> Motivation für dieses mobile Büro. Ich lebe vor, es geht in einer sehr
> extremen Form, die sicher nicht bei [Unternehmensname] normal
> werden wird und auch nicht muss und strahle dadurch aus in einer Art
> und Weise, die auch auf die Gruppen abfärbt" (II-2, Z. 31).

> „Aber ich glaube, das liegt auch daran, dass haben wir auch mal ein
> bisschen diskutiert, dass bei uns jetzt der Vorgesetzte nicht dabei war.
> Also ich glaube, bei so einem Seminar ist es wichtig, dass wirklich der
> Vorgesetzte mit dabei ist, und der dann von dem Thema auch einfach
> das gleiche Verständnis hat" (III-3, Z. 129).

Ein System in Bewegung zu bringen, lebt von einer Selbstveränderung, doch für eine nachhaltige Veränderung auch von
einem gemeinsam abgestimmten Handeln (vgl. Lindemann 2011, S.
111f.), um ein Arbeitsumfeld schaffen zu können, in dem
Achtsamkeit als Team und im Team überhaupt realisiert werden
kann (III-1, Z. 29). Ein Thema wie Achtsamkeit lebt vom Zusammenspiel der Führungskräfte mit der jeweiligen Teamorganisation (IV-2,
Z. 186). Eine proaktive Kommunikation und eine Fürsorge seitens
der Führungskräfte (II-1, Z. 81) werden dazu als Elemente gesehen,
um zu vermitteln was wichtig ist, worauf es ankommt und worauf
daher zu achten ist (V-2, Z. 69).

Die Aufgaben variieren hier von Spannung „rausnehmen" (I-2, Z. 162), gerade junge Mitarbeiter aus dem Kreuzfeuer zu nehmen und zu unterstützen (I-2, Z. 166), Erfahrungen an Jüngere weiterzugeben, damit diese nicht einfach „verheizt" werden (IV-1, Z. 95) und Belastungsgrenzen bei sich und beim Gegenüber wahrzunehmen und anzusprechen (II-1, Z. 80). Es geht darum,

> „dass der Vorgesetzte, also die Führungskraft auch aufpasst, wenn sich was verändert. Wenn einer nicht mehr lächelt, wenn einer mit gesenktem Kopf zur Arbeit kommt, wenn er pünktlich um fünf den Stift fallen lässt, wenn er seinen Rechner schon aus hat und nur unten am Eingang steht und wartet bis er seinen Chip durchziehen kann. Da muss eine Führungskraft aufmerksam sein" (IV-2, Z. 172).

Außerdem gehört dazu, ein achtsames Arbeitsumfeld gestalten zu können wie beispielsweise durch ein Führen an der langen Leine (III-1, Z. 27) oder dadurch, bestehenden Druck durch Vorgaben des Vorstandes zu filtern und nicht alles weiterzugeben (V-1, Z. 62).

> „Ich würde nicht mehr um jeden Preis versuchen, dann das Team oder die Mannschaft so nach vorne zu peitschen, dass sie anschließend total schlapp da hängen und überhaupt nichts mehr weitermachen können" (V-1, Z. 62).

Die zu definierenden Werte, aber auch die Werte eines Unternehmens als „collective programming of the mind" (Hofstede 1980, S. 13) sowie die Führungskräfte mit ihrem Verhalten sind der Ausgangspunkt für den Selektionsfilter eines strategischen Entscheidens (vgl. Dierkes 1988, S. 6). Die *Strategieperspektive der Führungskräfte* beeinflusst, wie ein Unternehmen in Bezug auf die eigene Lernkultur positioniert ist. Dabei geht es nicht nur darum, Top-Down Entwicklungsthemen vorzugeben, sondern

> „Wichtig bei diesem ganzen Prozess ist auch der Gedanke, diese Verbesserungsthemen Bottom-Up zu treiben, d. h. nicht von oben herunter durch die Führungskräfte die Themen zu identifizieren, sondern es geht eben um viele kleine Dinge, um viele kleine Schritte, auch die Mannschaft zu ermutigen Dinge selbst anzugehen und diese Themen selbst zu benennen und damit eben auch Handlungsmacht der

Führungsebene an die Mitarbeiter übergeben, dies auch zu tun" (II-1, Z. 3).

Wesentlich für eine erfolgreiche Implementierung erscheint auch die Stringenz, Kohärenz und Systematik der strategischen Ausrichtung und Umsetzung, weil ein Thema sonst nur ein Teil neben vielen Parallelthemen ist (III-3, Z. 146ff.) und von diesen droht verdrängt zu werden. Letztlich geht es um ein

„Walk the Talk" (V-2, Z. 199).

Dem folgend können Institutionen als ein regulatives Prinzip verstanden werden, das die Dynamik des Talks und die Dynamik der Handlungen reguliert. Institutionen sind nicht etwas, das empirisch existiert oder nicht existiert, sondern eine Regulationsgröße innerhalb eines homöostatischen Systems von bewussten und unbewussten Entscheidungen. Diese innerhalb einer Organisation getroffenen Entscheidungen sind dann auch nie perfekt, sondern folgen der Logik des Gleichgewichts aus Entscheidungsbedarf und darauf bezogener Entscheidung (vgl. Finke 2005, S. 254). Dementsprechend unterstützt eine strategische Ausrichtung, die auf eine Lernkultur der lernenden Organisation fokussiert ist, anstehende Veränderungsprozesse. Das Lernen von Organisationen kann dazu auf der Ebene der Wissenskonstruktion angesiedelt werden. So können Organisationen auf der einen Seite den gemeinsamen Vorrat an Wissen verändern und auf der anderen Seite latentes Wissen offenlegen und damit verfügbar machen. Die Fähigkeit und Bereitschaft, Wissen miteinander zu teilen, bestimmt dabei über das Ausmaß des organisationalen Lernens. Die „Qualität der Kooperationsbeziehungen" (Buchmann 2009, S. 113) und damit das Wissen über die Bedingungen und Regeln der Kooperation bestimmen das eigentliche organisationale Lernen.

Mit diesem Verständnis und den vorliegenden Interviews können die Ansätze der Unternehmen in vier Lernkulturmuster (vgl.

Gieseke 2001, S. 82) eingeteilt werden. Dabei soll die Bildung nicht dem systematischen Verständnis von klassischen Kulturtypologien und ihrer Entwicklung folgen, wie es Wagner et al. (2001, S. 14ff.) darstellen. Dies wäre aufgrund der geringen Datenbasis und der Forschungsmethodik sicher auch nicht möglich. Vielmehr soll lediglich eine Systematisierung der in den Interviews gesammelten Eindrücke entlang der drei Cluster „Haltung und Bewusstsein", „Erfahrung und Austausch" sowie „Unternehmen und Führung" stattfinden, um darüber einen Einblick über die Entwicklungs- und Veränderungsstrategien zu gewinnen. Die drei Cluster als Ermöglicher und Ressourcen von Achtsamkeit in Organisationen stellen Verbindungselemente für die individuellen und kollektiven Perception-Action Links dar. In ihnen werden Prozesse einer Systementwicklung sichtbar, die gemeinsame Deutungsentwürfe für die Alltagspraxis zum Gegenstand haben. Dabei ist auch der Eindruck des Forschers maßgeblich, wie zufrieden oder kritisch sich die Interviewpartner über die Einbettung des Achtsamkeits-trainings in den Unternehmenszusammenhang geäußert haben.

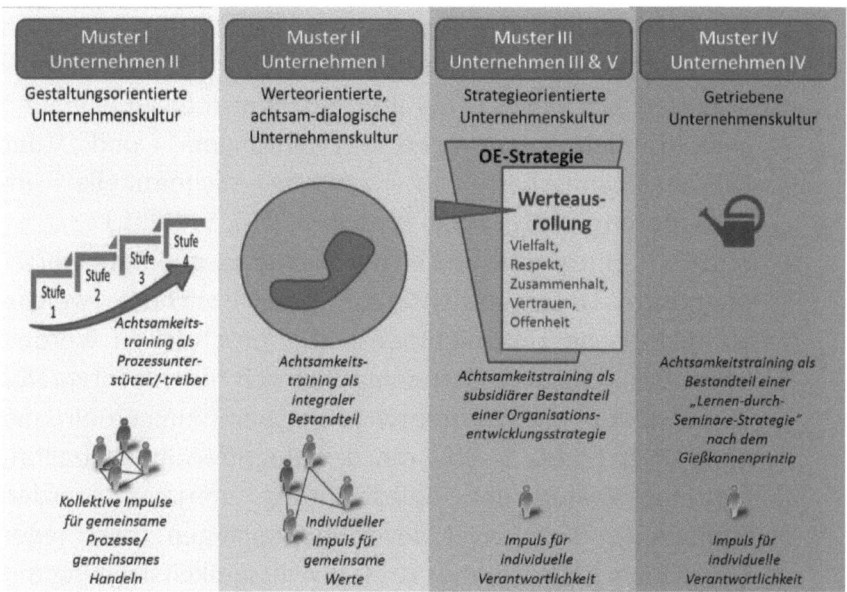

Abbildung 18: Systematisierung der Auswertungsergebnisse als Lernkulturmuster von Achtsamkeit in Organisationen

Die Lernkulturmuster lassen sich folgendermaßen zusammenfassend beschreiben:

- Muster I: Unternehmen II weist eine starke gestaltungsorientierte Unternehmenskultur auf. Dabei fokussiert es einen organisationalen Lernprozess in vier Stufen, welche die individuelle und soziale Seite mit ihren Beziehungen und Prozessen aufgreift, infrage stellt und einer Neugestaltung zuführt. Der Lernprozess erfolgt durch eine eigens dafür zuständige Organisations- und Personalentwicklungsabteilung als Prozesspromotor zur Förderung des vertikalen und horizontalen Informationsflusses (vgl. Pischon 1999, S. 89). Achtsamkeit kann hier als Prozessunterstützer gesehen werden, welche dabei helfen soll, die Aufmerksamkeit auf die wesentlichen Elemente des Handelns zu lenken. Die Aufmerksamkeitssteuerung erfolgt über die gemeinsame Teilnahme von Teams und des Leitungskreises am Achtsamkeitstraining. Ziel des Ansatzes ist es, die einzelnen Akteure zu einem gemeinsamen Handeln zu bewegen. Dazu orientiert sich dieses Lernkulturmuster an individuellen und gemeinsamen Haltungen, Erfahrungen und der Führungsmannschaft als zentrale Schnittstelle im Veränderungsprozess (vgl. Prescher 2014, S. 363ff.)

- Muster II: Unternehmen I ist durch eine ausgeprägte werte-orientierte Unternehmenskultur gekennzeichnet, welche als dialogische Unternehmenskultur beschrieben werden kann. Das Achtsamkeitstraining fügt sich hier als integraler Bestandteil in die Kulturentwicklungsbemühungen ein, die nach Dietz (2008, S. 9ff.) mit den Begriffen Individualität, Führung, Dialog und Selbstführung umrissen werden können. Im Kern wird davon ausgegangen, dass jeder Mensch ein Unternehmer ist. Das Achtsamkeitstraining mit seinen Inhalten wird dafür als individueller Impuls für die gemeinsamen Werte gesehen und dient dazu, die Aufmerksamkeit auf diese Werte zu lenken und den Austausch darüber zu verstärken, um sie dadurch intensiver im Unternehmen zu leben.

- Muster III: Die Unternehmen III & V können als strategie-orientierte Unternehmenskultur umschrieben werden. Dieser Kulturtyp ist stark durch einen Strategietyp geprägt, der die Markterfordernisse zum Ausgangspunkt nimmt und alle notwendigen Entscheidungen auf der Ebene der Führungskräfte, Strukturen und Prozesse daraus ableitet. Eine entsprechende Definition von Werten erfolgt über eine Werteausrollung:

„Eine Werteausrollung ist [...], dass die Geschäftsleitung sich mal Gedanken gemacht hat, was eigentlich unsere Unternehmenswerte sind. Ich muss gerade mal parallel mal hier[...] genau" (III-3, Z. 146ff.).

Das Achtsamkeitstraining wirkt hier subsidiär, d.h. behelfend, da im Unternehmen eine Mitarbeiterbefragung stattfand, deren Ergebnis unzureichend war. Letztlich bleibt die Verantwortung für die Gestaltung der eigenen Arbeit und der Zusammenarbeit auf der Ebene des Individuums, ohne dass wirkliche Austauschprozesse initiiert wurden.

- Muster IV: Unternehmen IV kann als eine Art getriebene Unternehmenskultur beschrieben werden. Dies ergibt sich einerseits aus einer Orientierung auf einen hart umkämpften Käufermarkt, andererseits auf eine inhaber-zentrierte Machtkultur in der Unternehmenszentrale. Das Achtsamkeitstraining kann als Folge eines immensen Bedarfes bei den Mitarbeitern gesehen werden, welcher vermutlich eher einen symbolischen Charakter hat. Das Training erscheint daher als Bestandteil der „Lernen-durch-Seminare-Strategie" nach dem Gießkannenprinzip (vgl. Troger 2016, S. 66), bei dem die Verantwortung beim Individuum verbleibt, da innerhalb eines Unternehmens bzw. Konzerns keine systematische Strategie und Struktur verfolgt wird.

9.7 Wertekonflikte sind Deutungskonflikte: Barrieren und Gefährdungen von Achtsamkeit in Organisationen

In Organisationen bilden sich bestimmte Gruppenstile heraus, die entweder im Rahmen der Rekrutierung auf Homogenität und Passung ausgelegt sind oder sich aufgrund von Habitualisierung als Institutionen einschleifen. Innerhalb von Gruppen bilden sich beispielsweise soziale Hierarchien, wobei Heijden et al. (2002, S. 72) die Rolle der höchsten Führungskraft oder des Familien-oberhauptes als dominierende Elemente darstellt: Wenn diese ihre Meinung als Deutungsvorgaben zum Beispiel bei einer strategischen Entscheidung offenbart haben, ist die Wahr-scheinlichkeit eines breiten – veröffentlichten - Konsens hoch. Die Gruppen generieren aus sich selbst heraus ein kohäsives Moment, d.h. es liegt nicht allein an den Führungskräften, dass sich solche

Verhaltensweisen etablieren. Vielmehr entstehen eine soziale Eigendynamik und ein sozialer Druck als Hidden-Agenda: „Groupthink is the suppression by the group (or management team) of ideas that are critical of the direction in which the group is moving" (ebd. S. 72).

Neuser (2014, S. 3ff.) beschreibt dies als logische Konsequenz autopoietischer Systeme, da ein Kernmerkmal dieser Systeme im Zusammenspiel von Deutungsvorgaben, dem Erfahrungsraum und dem Handlungsraum gesehen werden kann. In diesem Zusammenspiel entstehen sogenannte „Meta-Stabile-Systeme" (ebd. S. 4), die sich gut mit dem Abilene-Paradox (vgl. Harvey 1988) beschreiben lassen. In diesem Paradoxon geht es darum, dass eine Familie in Texas die Bürde auf sich nimmt, in einem nichtklimatisierten Fahrzeug 53 Meilen in eine Cafeteria zu fahren, in der das Essen schrecklich schmeckt. Keiner der Familienmitglieder will wirklich da hin fahren und keiner offenbart seine wahre Meinung über diesen Ausflug, um den anderen nicht zu verletzen oder sich selbst zu offenbaren.

> „After the outburst of recrimination we all sat back in silence. Here we were, four reasonably sensible people who, of our own volition, had just taken a 106-mile trip across a godforsaken desert in a furnace-like temperature through a cloud-like dust storm to eat unpalatable food at a hole-in-the-wall cafeteria in Abilene, when none of us had really wanted to go. In fact, to be more accurate, we'd done just the opposite of what we wanted to do. The whole situation simply didn't make sense" (Harvy 1988, S. 1f.).

Mit diesem Beispiel lässt sich herausstellen, dass eine nachhaltige Entwicklung nicht allein eine Frage der Vernunft sein kann, weil die Gruppendynamik zu Verhaltensweisen führt, die als ein Handeln wider besseren Wissens beschrieben werden können. Daher kann eine nachhaltige Entwicklung als eine Frage der individuellen und kollektiven Deutungen und Muster gesehen werden. Diese Muster stellen die Art und Weise dar, wie Menschen typischerweise mit ihrer Umwelt in Beziehung treten (vgl. Lauerströer & Rost 2008, S.

92). In den Dialoginterviews lassen sich einige solcher Muster in der Kernkategorie *Barrieren und Gefährdungen von Achtsamkeit in Organisationen* identifizieren. Mit Hilfe der Subkategorien kann eine Antwort auf die Frage herausgearbeitet werden, welche Faktoren eine Entwicklung veränderter Verhaltensweisen und einer Kultur, die der „inneren" Natur des Menschen gerecht wird, verhindern.

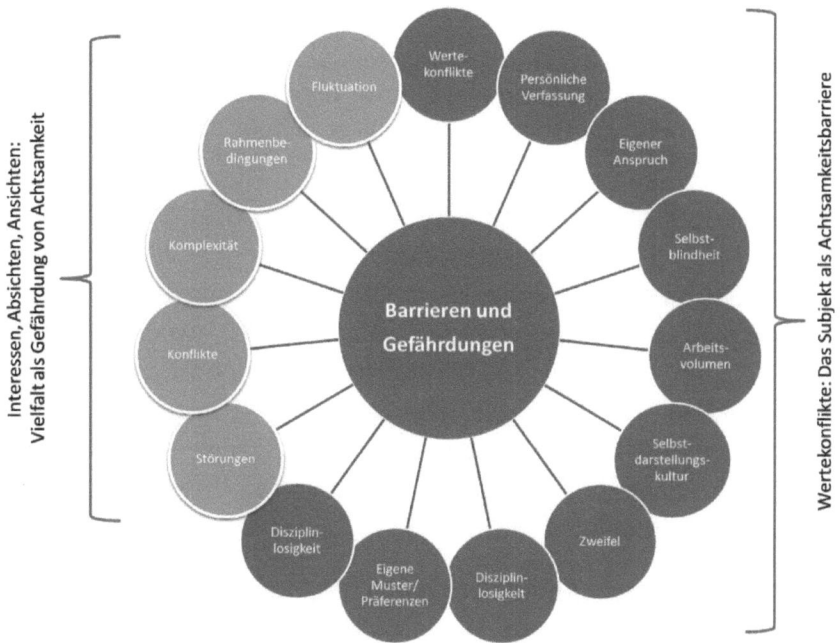

Abbildung 19: Kernkategorie „Barrieren/Gefährdungen von Achtsamkeit in Organisationen"

9.7.1 Wertekonflikte: Das Subjekt als Achtsamkeitsbarriere

Die Subkategorie **Wertekonflikte** (II-2, Z. 83) stellt sich im Sinne der Organisationen als Meta-Stabile-Systeme als umfassendste Kategorie dar. Diese ist in einem engen Zusammenhang mit den Subkategorien Rechtfertigung/Selbstdarstellungskultur, Eigene Muster/Präferenzen, Persönliche Verfassung, Arbeitsvolumen, Eigener Anspruch, Zweifel, Selbstblindheit und Disziplinlosigkeit zu sehen. Im Kern lässt sich der Zusammenhang mit Ehrenberg (2008, S. 245) interpretieren, nach dem die unternehmerischen Managementpraktiken auf Selbstorganisation sowie Selbst- und Eigenverantwortung (I-1, Z. 29) bauen. Erfolg und Scheitern werden durch veränderte Arbeitsorganisation und Beschäftigungsverhältnisse gleichermaßen ins Subjekt hineingelegt, wodurch Herausforderungen nicht selten auch zu einer Selbst-Überforderung führen können (I-1, Z. 29).

> „Schwierig ist das Thema Achtsamkeit für sich selbst im Unternehmen auch wirklich zu leben und auch zu realisieren auf der Ebene eines kollektiven Konsenses, weil es ganz diffuse Glaubenssätze auch verhindern" (V-1, Z. 57f.).

Diese Glaubenssätze stellen sich als soziale Institutionalisierungen dar, und als solche regulieren sie das Verhalten (vgl. Moeller 1986, S. 71). Sie beinhalten organisationale Muster wie Leitbilder von Engagement und gesunder Ehrgeiz (IV-2, Z. 140), welche in einem Wechselspiel mit individuellen Mustern zu sehen sind, die im Wesentlichen durch Angst geprägt sind: „Unser natürlicher Narzißmus verhindert [...], das eigene Spektrum anzuerkennen, oder, was dasselbe ist, uns zu relativieren, den Mittelpunkt aufzugeben" (Moeller 1986, S. 146).

Aufgrund der anscheinenden Neigung der Interviewpartner, sich als Zentrum des Geschehens zu betrachten, können ein leistungsbezogener unternehmerischer Wertekodex (III-2, Z. 17) oder eine organisationale Kultur der konstruktiven Unzufriedenheit (I-1, Z. 60) schnell zu einer Achtsamkeitsfalle werden. Im Ergebnis entstehen Konflikte zwischen den Anforderungen von außen, dem Wunsch nach einer Erfolgskarriere (III-2, Z. 93) und der Notwendigkeit, für sich zum Selbstschutz Grenzen setzen zu müssen, also Beruf und Privatleben auch zu trennen (II-2, Z. 62).

> „Also es ist so ein bisschen [...] der Spagat zwischen dem, was einem selbst wichtig ist und dem, was das Unternehmen macht" (V-1, Z. 58).

„Wertkonflikte sind ja sozusagen auch eine Achtsamkeitsbarriere. Also das hat ja auch etwas mit Unsicherheiten zu tun, so kann man das interpretieren. Also welche Rolle habe ich in meinem Team? Wie sicher bin ich mir meines Jobs? Was ist dem Team überhaupt wichtig?" (II-1, Z. 83)

Die Unsicherheiten ergeben sich aus konkurrierenden Werten und der Wahrnehmung. Mit den sich daraus ergebenden Konflikten korrespondiert die Neigung diese in der eigenen Person und durch das eigene Verhalten lösen zu „müssen". Die Hauptursache für die Konflikthaltigkeit kann darin gesehen werden, dass Wertekonflikte immer auch Deutungskonflikte um Ziele und die dafür notwendigen Mittel sind (vgl. Groddeck 2011, S. 155). Folgende Wertekonflikte lassen sich identifizieren, wobei herausgestellt werden muss, dass es sich hier lediglich um eine exemplarische Auswahl seitens der Interviewpartner in den Interviews handelt:

Wert A Wert B	Konflikt
Arbeit in den Regionen/ Niederlassungen *Arbeit in der Zentrale*	Die Regionen sehen sich als Leistungserbringer und die Zentrale wird als Kostenverursacher gesehen. Die Zusammenarbeit z.B. in Arbeitskreisen stellt sich daher als angespannt dar, insbesondere wenn es darum geht, Entscheidungen der Zentrale umsetzen zu müssen. (I-2, Z. 143; I-4, Z. 91; IV-2, 158)
Konservative/ technikorientierte Unternehmenskultur *Moderne Lebensstile/ bunte Wohlfühlatmosphäre*	Konservative Werte führen dazu, Ansätze wie Achtsamkeit zu belächeln und die Einschätzung zu vertreten, dass eine Nüchternheit und Technik als Unternehmensmotto im Vordergrund steht, bei der das Zwischenmenschliche vernachlässigt wird.

	Dabei sind Werte wie Kernigkeit, Durchsetzungsvermögen und Druck etabliert. (II-2, Z. 64, III-1, Z. 139; V-1, Z. 53)
Sachliches *Gefühle*	„Ich hab´ jetzt in der Zwischenzeit irgendwie diese nächste Stufe vor Augen, die [...] sagen wir mal in Richtung Gefühle geht. Und das ist ein Part, der in der Firma eigentlich nichts verloren hat" (II-2, Z. 62).
Vorstellungen der Führungskräfte über Mitarbeiter *Anspruch der Mitarbeiter an Entscheidungsfreiheit*	Manche Führungskräfte neigen dazu, Mitarbeiter als interne Dienstleister zu betrachten, die Arbeiten auf Zuruf erledigen. Die Eigenständigkeit der Zeitorganisation wird so unterlaufen bzw. offen in Frage gestellt. Unterschwellig besteht die Einstellung, dass der, der keine Überstunden hat, nicht genug zu tun hat. (IV-2, Z. 59ff.; V-1, Z. 98)
Mitarbeiter ist Mittel *Mitarbeiter als Mittelpunkt*	In einigen Unternehmen scheint ein Widerspruch zwischen der veröffentlichten Wertedarstellung zur Legitimation und den tatsächlich beobachtbaren Aktivitäten nach innen zu bestehen (vgl. Brunsson 2007, S. 111): „Man nimmt das sehr gerne in Kauf. Das ist auch eine Erfahrung, ich sage meinen Klienten, glauben Sie nicht, dass Sie irgendjemand anderes irgendwie schützt. Selbst die Vorgesetzten, wenn dann jemand zurückkommt von der Klinik, die sagen, ja, wir haben viel Verständnis. Das verpufft alles nach

	zwei, drei Monaten. Und ich kann eigentlich nur mich selbst schützen vor den äußeren Anfeindungen und vor innerer Selbstüberforderung" (III-2, Z. 95).
Hierarchie als Notwendigkeit *„Am Mitarbeiter direkt dran sein"*	Ein Dilemma wird in der Arbeitsteiligkeit gesehen, weil durch Zwischen-führungsebenen ein Puffer zu den Mitarbeitern notwendig wird, welcher der Arbeitsfähigkeit einer Führungskraft dient. Gleichzeitig wird der Puffer als Kontrast erlebt, weil er den unmittelbaren Kontakt zu den Mitarbeitern verhindert und eine indirekte Führung zur Folge hat. (V-2, Z. 151)
Kostenorientierte Unternehmenskultur *Werteorientierte Unternehmenskultur*	Im Wesentlichen wird in unternehmerischen Kontexten das als werthaltig wahrgenommen, was sich in Form von Zahlen eindeutig vorrechnen lässt (V-1, Z. 52). Geld und Kosten allein werden in subjekttheoretischer Perspektive allerding nicht als sinnstiftend erlebt. Vielmehr spielen Werte eine Rolle, die dem individuellen Handeln eine Sinnperspektive geben und einen Beitrag zur kollektiven sowie individuellen Bedürfnisbefriedigung leisten.
Oberflächliche Freundlichkeit *Tiefliegende Konflikte*	In manchen Teams besteht die Neigung, unglaublich viel in eine oberflächliche Freundlichkeit zu verpacken. Damit wird die Hoffnung verbunden, leichter Konsens zu finden. (I-2, Z. 218). Jedoch führt die fehlende

	echte Konfliktfähigkeit in Reibungs-verluste und Selbstlähmung durch Vermeidungsverhalten und Ausweich-strategien. Ungelöste Konflikte durch unterdrückte Gefühle in Beziehungen binden Energie (vgl. Lowen 2010, S. 96).

Abbildung 20: Wertekonflikte von Achtsamkeit in Organisationen

Die Darstellung der Wertekonflikte soll darauf verweisen, dass es für eine gelebte Achtsamkeit einerseits einer bewussten Entscheidung bedarf, mit diesen Konflikten umzugehen, und dass andererseits Achtsamkeit als Haltung der Gefahr unterliegt in seinen Grundfesten in Frage gestellt zu werden, wenn konflikthaltige Situationen die eigene Person in Frage stellen. Hier bedarf es nach Arnold (2010b, S. 92) einer Klärung

- des Umgangs mit der eigenen Unwirksamkeit,
- des Umgangs mit Abhängigkeit,
- des Umgangs mit Zuwendung und
- des Umgangs mit Anerkennung.

Diese Zieldimensionen verweisen darauf, dass eine auf Nachhaltigkeit ausgerichtete Bildung nicht nur vom Bildungsbegriff her zu denken ist. Vielmehr kann mit Herzog (1991, S. 25ff.) darauf verwiesen werden, dass es eines integrativen Ansatzes aus Erziehung und Bildung bedarf, bei dem es darum geht, den Menschen insgesamt in seiner Veränderung durch Lernen in den Blick zu nehmen. Das Ziel einer derartigen pädagogischen Intervention wird durch den Autor in der Autonomisierung des Subjekts gesehen. Bei dieser Autonomisierung geht es um eine Ich-Stärkung. Dieses Anliegen verweist darauf, dass ein bildungs-theoretisches Verständnis erforderlich ist, das weder als Kunstlehre noch als Technologie gesehen wird. Vielmehr muss es um das Schaffen von Lernräumen gehen, indem die Lernenden allein und gemeinsam verschiedene Erkenntnisperspektiven erschließen und konstruktiv modellieren können.

Der Bedarf ergibt sich, da einige Wertekonflikte auf der persönlichen Ebene der Führungskräfte gesehen werden können. Dazu kann es gehören, Schwierigkeiten beim Delegieren zu haben. Dies zeigt sich bspw. darin, Dinge und Aufgaben nicht aus der Hand zu geben zu können (I-2, Z. 197). Achtsamkeit wird in diesem Sinne auch stark vom eigenen Verhältnis zur Arbeit bestimmt, also was ein Mitarbeiter in der Arbeit sucht und findet und ob er diese im Sinne eines Sekundärnutzens als Scheinidentität befriedigender empfindet als Meditation (IV-2, Z. 38f.). Ein Konsens kann darüber hinaus darin gesehen werden, dass Achtsamkeit von Selbst-thematisierung auf der Ebene des Subjekts und der *Selbst-thematisierung* eines Teams als „echtes" Team lebt. Grundsätzliche Wertekonflikte ließen sich hier thematisieren und auflösen. Allerdings scheint zwischen den Werten des Subjekts, dem Team und der Organisation eine zentrale Barriere in der Wahrnehmung zu liegen. Diese Wahrnehmung besteht aus einer Brille, durch die die beruflichen Tätigkeiten und das Leben als Pflichten, Arbeit und Verantwortung wahrgenommen werden.

> „Achtsamkeit heißt ja sich selbst thematisieren, das würde ich auf der individuellen Ebene sagen. Auf der Teamebene, wenn ich das jetzt mal für mich so herausspüre, worum es da geht, wäre das eigentlich auch relevant. Denn es kann ja nur über die Selbstthematisierung der Konflikte oder der Werte das Team auch auf ihre Wünsche und Vorstellungen reagieren. Die Hauptbarriere, die ich immer höre ist: Arbeit, Arbeit, Arbeit. Das ist im Prinzip der Hauptverhinderer für das Thema Achtsamkeit. Pflichten, Pflichten, Pflichten, Verantwortung, Verantwortung und solche Dinge. So das muss man erst einmal wirken lassen" (II-3, Z. 87).

Abbildung 21: Barrieren von Achtsamkeit in Organisationen.

Mit dieser Darstellung wird deutlich, dass eine nachhaltige Entwicklung als praktische Organisationsgestaltung und ein organisationales Lernen nicht nur eine Frage der praktischen Vernunft ist (vgl. Menke 1993, S. 197). Dies kann auch nicht der Fall sein, weil die Wahrnehmung der Zusammenhänge ausschließlich vor dem Hintergrund der eigenen Deutungsmuster erfolgt, die ein wahres Erkennen der Wirklichkeit verhindern. Im Subjekt wirken tief verankerte **Eigene Muster** und **Präferenzen** (II-1, Z. 74), die davon geprägt sein können aus einer Selbstunsicherheit und einem Selbstzweifel heraus hilfsbereit zu sein (IV-1, Z. 30), nicht Nein sagen zu können (IV-2, Z. 112) und alles richtig machen zu wollen (I-2, Z. 127), schnell eingeschnappt zu sein (II-1, Z. 108), eine Führungskarriere gegen das eigene Bauchgrummeln machen zu wollen (II-3, Z. 45ff.), um vielleicht ein tiefsitzendes Minderwertigkeitsgefühl durch eine höhere Position zu kompensieren, weil diese eine gewisse Überlegenheit demonstriert (vgl. Dammann 2009, S. 68). Über vielen Aktivitäten, unter denen die Interviewpartner leiden, steht im Sinne dieser Beispiele der Wunsch nach Anerkennung (IV-1, Z. 64f.).

Muster zeigen sich aber auch in eingefahrenen Verhaltensweisen, die eine Veränderung aufgrund von Gewohnheiten und Routinen erschweren:

> „Das hat man jetzt 20 Jahre so gemacht und man ist eben ein Gewohnheitstier und fällt dann doch wieder in alte erlernte oder geübte Muster hinein" (III-1, Z. 105).

Die Routinen resultieren auch aus Strategien, den Berg von Arbeit durch noch mehr Einsatz abarbeiten zu wollen, obwohl offensichtlich ist, dass der Berg mit dieser Strategie nicht zu bewältigen ist (IV-2, Z. 131f.). Hinzu kommt eine Leidensfähigkeit, sich als Marionette an den Fäden anderer eingerichtet zu haben (IV-2, Z. 34). Dahinter steckt eventuell die Angst, dass im Unternehmen sichtbar wird, dass der Interviewpartner dem Leistungsdruck am Arbeitsplatz nicht gewachsen ist (vgl. Peters 2014, S. 38). Der Leistungsdruck kann auch mit einem schlechten Gewissen kombiniert sein (V-1, Z. 80), was aus einer inneren Verpflichtung gegenüber dem Team oder dem Unternehmen heraus resultiert oder der Angst geschuldet ist, eventuell seinen Job und/oder die Anerkennung zu verlieren.

Alle arbeitsbezogenen Sorgen können so in ein Gedankenkreisen führen. Dies erzeugt im Sinne der Bewertungs-Gefühls-Logik schlechte Gefühle, wobei die Hauptherausforderung in der eigenen Verletzlichkeit als zugrundeliegendes Muster gesehen werden kann. Den Anforderungen nicht zu genügen (V-2, Z. 106ff.) und damit die Einflüsterung auch vor sich selbst zu versagen, stellt eine schwerwiegende Konfliktursache dar.

Für das Thema Achtsamkeit macht sich aber auch die *persönliche Verfassung* als Barriere bemerkbar. Neben der Tagesform (IV-1, Z. 83) können Sorgen um die eigene Existenz (III-1, Z. 54) oder starke äußere Veränderungen in Beruf und Familie in einen labilen Zustand führen (I-2, Z. 69), der innere Spannungen verursacht:

„Also ja, ich glaube, da haben sie durchaus Recht, dass durch das Sitzen die innere Spannung einfach zu groß ist, ich schweife so dermaßen oft ab. Ich habe einfach nichts, woran ich mich, also wenig, woran ich mich dann innerlich festhalten kann, so dass die Gedanken nicht jedes Mal wieder rauschen" (II-3, Z. 112).

Diese Spannungszustände können auch mit dem **eigenen Anspruch** (I-1, Z. 77) beispielsweise in Mailantworten den Menschen gerecht zu werden, korrespondieren. Dabei kann ein Zusammenhang des Anspruchs an sich selbst als der Eigenanspruch (II-1, Z. 74) an die Arbeitsqualität (II-3, Z. 44) und des Anspruchs an die Umwelt, zum Beispiel an das wahrgenommen werden der eigenen Leistungen, identifiziert werden (I-2, Z. 194f.). Dieser lässt sich als Ursache für das Optimierungsdenken interpretieren. Im Kern geht es in dieser Subkategorie um die Angst, Erwartungen nicht zu erfüllen und den eigenen Ruf zu verlieren. (II-1, Z. 76). Der eigene Anspruch kann so zu einer Falle werden (IV-1, Z. 106), denn für die, die in

„[…] einer Stressüberlast sind, ist es eher das schon mit sich nicht achtsam umzugehen, Selbstüberforderung, Perfektionismus das ganze Thema. Also das eine über die Grenzen hinaus zu leben und das als normal zu sehen. Es geht über Jahre, Jahrzehnte hervorragend und eben nicht umgehen zu können, das Scheitern nicht mit eingeplant zu haben" (III-2, Z. 93).

Damit lässt sich auf eine Art *Selbstblindheit* verweisen,

„[…] dass eigentlich jeder sein eigener Antreiber ist und dass dann gerade die Frage ist, wie bewusst macht man sich, dass man sich jetzt gerade selbst antreibt und dass es da eigentlich überhaupt keinen Stakeholder in dieser Frage gibt, sondern dass man eigentlich nur innehalten müsste" (I-1, Z. 67).

Durch das fehlende Gefühl für die eigenen Präferenzen (II-1, Z. 86) besteht ein hohes Potential innerer Konflikte und zwischenmenschlicher Konflikte, weil sich Stress ansammelt und Emotionen unverarbeitet liegen bleiben (V-2, Z. 39), ohne dass deren Bedingtheit in sich selbst erkannt wird. Das Verdrängen von Gefühlen und die „Flucht in den Kopf" kann dazu führen, sich von den Ereignissen unachtsam mitreißen zu lassen (V-2, Z. 50ff.). Die eigenen Gefühle verschwinden hier hinter einer Fassade von Sachlichkeit und Fleiß, was durch ein scheinbar großes **Arbeitsvolumen** und eine damit einhergehende Arbeitsbelastung (IV-2, Z. 37) mit Überlastmodus (II-2, Z. 47) noch begünstigt wird. Eine ungeteilte Aufmerksamkeit für eine Aktivität geht so verloren (V-2, Z. 45).

> „Also gibt ja kaum noch Meetings in denen nicht alle ihre Rechner offen haben, und wenn das tatsächlich mal verboten ist und eingehalten wird, dann hat man unter dem Tisch den Blackberry und fummelt dran rum" (V-2, Z. 45).

Der Verlust der ungeteilten Aufmerksamkeit kann seine Ursache auch in einer **Selbstdarstellungskultur** haben. Aufgrund der Aufgabenlast wirken dann Leitbilder bei denen gerade für junge Mitarbeiter fast die Notwendigkeit zu bestehen scheint, sich selbst gut darzustellen (IV-1, Z. 63), den äußeren Anforderungen gerecht zu werden (V-2, Z. 118) oder zu folgender Verhaltensweise:

> „Es gilt hier ja irgendwie so das Thema „die Guten halten es aus und die schlechten halt nicht", so. Und das führt dann intern schon zu einer Kultur von immer alles im Griff haben, auch zehn oder zwölf Stunden zu arbeiten und das alles nach außen nicht als Problem zu definieren. Ist auch immer unheimlich viel Schau das gut darzustellen" (III-2, Z. 15).

Die Unternehmenskultur mit ihren Regeln und Normen scheint diesbezüglich Rahmenbedingungen zu schaffen, die die persönlichen **Zweifel** an der eigenen Selbstwirksamkeit fördern:

> „Ich würde ja gerne, wenn..." (I-1, Z. 73).

Achtsamkeit braucht Selbstveränderung und wirkt

> „so ein bisschen unheimlich, weil es so wirkt, als ob es dann überall hinwirkt. [...] Ich meine, das verändert ja schon möglicherweise die Persönlichkeit" (I-2, Z.65).

Die wichtigste Hürde für das Thema Achtsamkeit scheint hier in der Angst vor sich selbst zu liegen, weil Achtsamkeit als Ansatz dazu führen kann, das bisherige Tun und Sein in Frage zu stellen und sich der eigenen unerfüllten Sehnsüchte bewusst zu werden. Die Sehnsüchte können in eine Erwartungsangst führen, dass das bisherige Leben so nicht länger zu leben und zu halten ist, aber auch keine Vorstellung darüber besteht, wie es sich anders leben lässt. Am bestehenden Muster festzuhalten kann in die Illusion führen, dass eine konkrete Gefahr oder ein Risiko vermeidbar ist (vgl. Längle 2003, S. 58). Am bestehenden Leben festzuhalten kann aber auch darauf verweisen, dass etwas sehr Leidvolles im Leben passiert ist, das in seiner Bedeutung für die eigene Existenz jedoch nicht bewusst und verstanden ist, und daher auch nicht integriert werden kann (vgl. Längle 2011, S. 36). Letztlich kann der Zweifel an der Thematik Achtsamkeit darin seine Begründung finden, dass die Interviewpartner mit den unternehmerischen Praktiken, die als Ausbeutung des Subjekts (IV-2, Z. 172) interpretiert werden können, im inneren Widerstreit sind und keine Lösung für den Umgang damit haben. Insgesamt dominieren die Befürchtung der Exklusion aus der sozialen Gemeinschaft und die damit einhergehende Angst vor Verarmung (vgl. Luhmann 1997, S. 168f.),

> „[...] weil man dann Angst hat, man könnte dann ersetzt werden. Ich denke, das ist schon auch etwas Durchgehendes, das ist nicht nur bei mir. Also das denke ich, das ist definitiv etwas was viele Personen bei [Unternehmensname] haben" (III-4, Z. 186).

Dieser Zusammenhang erweist sich für den gesamten Nachhaltigkeitsdiskurs als bedeutsam, da er darauf verweist, wie schwer eine Verhaltensveränderung für eine nachhaltige Entwicklung möglich ist. Die Debatte um Nachhaltigkeit bedient sich hier immer wieder einer Semantik des Verzichts oder des „weniger ist mehr" (vgl. Brand & Wissen 2011, S. 14), die die Subjekte auf ihre Angst vor Mangel, vielleicht auch einen kleinen Tod des Egos, als affektlogische Komponente des ausbleibenden Wandels verweist (vgl. Weisker 2005, S. 205). Ist solch eine Art Zweifel vorhanden, ist auch die Wahrscheinlichkeit der persönlichen *Disziplinlosigkeit* hoch.

„Ohne dass es einen Grund gibt, nehme ich mir die Zeit für solche Übungen nicht" (II-1, Z. 116).

„Ich glaube schon, dass ich es merke, aber ja, ich kann es nicht immer unbedingt ändern oder lasse es dann manchmal tatsächlich laufen" (V-2, Z. 63).

Jenseits der Angst spielt Disziplinlosigkeit dahingehend eine Rolle, als dass eine regelmäßige Übungspraxis als Schlüssel für die Achtsamkeit gesehen wird (IV-2, 28) bzw. eine Pause in der Übungspraxis den Wiedereinstieg erschwert (II-2, Z. 4). Disziplin bezieht sich aber auch auf die Aktivität im Team, denn

„[...] ohne irgendwelche nächsten Schlüsselmaßnahmen wird das nicht noch weiter steigen. Da dürfen wir uns nichts vormachen" (IV-1, Z. 102)

9.7.2 Interessen, Absichten, Ansichten: Vielfalt als Gefährdung von Achtsamkeit

Eine große Herausforderung für die eigene Disziplin kann darüber hinaus in **Störungen** gesehen werden. Eine Störung kann zum einem im Subjekt selbst liegen. Bei der Achtsamkeitsmeditation äußert sich das zum Beispiel als innerer Widerstand, wenn sich alles innerlich dagegen sträubt weiter sitzen zu bleiben (IV-2, Z. 38). Störungen können sich zum anderen auch als äußere Einflüsse zeigen, wenn man sich selbst beispielsweise Zeitblocker für ein störungsfreies Arbeiten nicht freihalten kann (II-1, Z. 78) und eine Abhängigkeit vom *„Fremdgetriebensein"* besteht (II-3, Z. 40). Diese Störungen verhindern eine Achtsamkeit derart, dass nicht aus der persönlichen Ruhe heraus agiert werden kann und nur im Reaktionsmodus (II-3, Z. 42) gehandelt wird. Dies wird auch wesentlich durch die beteiligten Personen (III-4, Z. 30) und ihr Verhalten wie zum Beispiel spontane Überfälle (IV-1, Z. 77) beeinflusst oder wie sich ein Team oder Netzwerk organisiert.

„[...] ein Hauptpunkt war, dass wir uns immer wieder selbst auf die Füße tappen und in Stress mit der Vorbereitung der Workshops bringen. Dass es nicht rechtzeitig angegangen wird, dass Dinge unklar sind, was gebraucht wird, dass die Ansprechpartner kurzfristig irgendwo anders sind und gar nicht greifbar und die, die es vorbereiten sollen, nicht wissen, was derjenige eigentlich braucht oder nicht. Dann hatte man ein recht ungutes Gefühl, wenn man in den Workshop rein ist. Habe ich jetzt alles was ich brauche oder taucht da nachher irgendwie eine kleine Bombe auf?" (II-1, Z. 19)

Störungen können so gesehen auch aus *Konflikten* resultieren, die in einem weiter gesteckten Rahmen unterschiedlicher Interessen, Ansichten und Absichten zu Tage treten können.

> „[...] wenn dann so ein Arbeitskreis stattfindet, das kann dann schon mal zwei Wochen vorher in den Köpfen rumoren. Was wird auf mich zukommen? Was werden sie von uns verlangen, was wir geben können oder wollen und kann ich das aushalten? Und wir versuchen, uns da schon irgendwie zu rüsten dafür. Das klingt zwar so kriegerisch, sich zu rüsten, aber das ist es im Prinzip, sich zu überlegen, wie viel kann ich davon aushalten?" (I-2, Z. 145)

In der unmittelbaren Zusammenarbeit können dann Spannungen auftreten, wenn beispielsweise Abteilungen mit unterschiedlichen Partikularinteressen in einer Projektorganisation zusammenarbeiten sollen (IV-1, Z. 54) oder zwischenmenschliche Konflikte (IV-1, Z. 55) im privaten Umfeld (IV-1, Z. 83) und innerhalb eines Teams immer wieder auf die gleiche Weise mit der Konsequenz ausgelebt werden: „Chefin gereizt, Mitarbeiter eingeschnappt" (II-1, Z. 92). Größere Unternehmenszusammenhänge können sich ebenfalls als Konflikt darstellen, wenn die eigene Beschäftigungssituation in Rahmen von Fusionierungsprozessen ungeklärt ist, da

> „[...] die Sorge um die eigene Existenz ein Achtsamkeitskiller ist" (III-1, Z. 49).

> „Wenn da Dinge passieren, die mich entweder ärgern oder wo ich mich falsch verstanden fühle, merke ich doch, dass ich das dann emotional eine Weile mitschleppe und nicht so schön einen Haken dranmachen kann. Also Haken dranmachen, mir überlegen, was ich tu, einmal drüber schlafen und dann reagieren und all diese Dinge, die man so weiß, sondern nehme da manchmal ein bisschen zu sehr Päckchen zu viel nach Hause mit, sagen wir es mal so" (V-2, Z. 99).

Konflikte können aber auch durch die **Komplexität** (III-3, Z. 149) der Aufgaben und der Lebenskontexte entstehen, weil dann die Schwierigkeit besteht, gerade wenn sich mehrere Bereiche gleichzeitig verändern (I-2, Z. 67), alles unter einen Hut zu bekommen (II-1, Z. 68). Dies verschärft sich insbesondere, wenn mit mehreren Stellen auch in einer Fremdsprache interagiert werden muss (III-1, Z. 35). Umstrukturierungsprozesse durch Wachstum wirken zudem als Ablenkung von den eigentlich anstehenden Aufgaben, weil neue Lösungen gefunden werden müssen, die jenseits des Alltagsgeschäftes liegen (III-1, Z. 59ff.). Besonders scheinen Führungspositionen davon betroffen zu sein, da hier eher diffuse Aufgabenstellungen in einer Art Multiprojektmanagement anzutreffen sind, was insbesondere dann problematisch wird, wenn im Unternehmen eine ausgeprägte Diskurs- und Konsenskultur (I-2, Z. 221) vorherrscht:

> „Ich glaube, mit der Verantwortungsübernahme und auch tatsächlich durch die Veränderung dann der Aufgabe, nämlich nicht mehr so sein eigenes produktives „ich setze etwas um" und liefere ein ganz konkretes Ergebnis, sondern durch dieses etwas diffusere Managen, drauf achten das alles irgendwie läuft" (V-2, Z. 57).

> „[...] wir sind ein Konzern mit einer regen Diskussionskultur, ganz oft werden überhaupt keine Entscheidungen mehr gefällt oder nicht mehr mit Wumms gefällt, sondern es wird ewig nur rumgeeiert" (V-2, Z. 203).

Mit der Diskurs- und Konsenskultur lässt sich auf die Subkategorie der organisationalen **Rahmenbedingungen** (I-1, Z. 71) verweisen, da diese einen wesentlichen Anteil der Fremdbestimmung auszumachen scheinen. Dies betrifft die äußere Seite beispielsweise mit Konzernrichtlinien, die eine Mehrarbeit durch ausufernde Project Data Sheets (II-2, Z. 75) bei einer Projektorganisation innerhalb einer Linienorganisation (III-1, Z. 23) zur Konsequenz haben oder auch Stabsabteilungen wie die Controllingabteilung, die das Handeln in den Abteilungen mit Auflagen und Anforderungen versieht (II-2, Z. 86). Die äußere Seite kann auch den konkreten Arbeitsplatz betreffen:

„Ja, also wir hatten ja erst diese Mitarbeiterbefragung und dieser Arbeitsplatz bei uns, oder dieses Großraumbüro, das war eigentlich das, was am schlechtesten bewertet wurde von allen Mitarbeitern. Also ich sage mal, dieses Arbeitsumfeld ist sicherlich nicht optimal. Wir haben das Büro für diese ganzen Leute und im Endeffekt ist es das Problem, dass diese Luft in diesem Büro auch sehr schlecht ist. Und wir haben auch versucht, da jetzt was zu starten mit unseren, wie nennt man die, also diejenigen, die eben für die Gebäude zuständig sind. Das wurde bislang alles abgelehnt, aber wir werden da natürlich nochmal weitermachen, denn wir sind eben auch direkt an der Straße, und wenn wir das Fenster aufmachen, dann ist da eben der Lärm von der Straße und von den Bahngleisen und im Endeffekt ist das sicherlich nicht zuträglich. Ich denke, es gibt bestimmt Bürokonzepte, wo es den Leuten besser gefällt. Aber ich sage, man kann auch mit dem, was man hat, könnte man, wenn sich jeder mehr bemüht, z. B. leiser zu sprechen, oder nicht so laut zu telefonieren, könnte man ja auch schon etwas erreichen. Aber da fehlt noch irgendwo dieser Konsens des Einzelnen, dann immer wieder, oder dass man sich gegenseitig dann darauf hinweist, dass das jetzt einfach zu laut ist" (III-4, Z. 120).

Der Führungsstil der Vorgesetzten kann ebenfalls in dieser Kategorie verortet werden. Führt eine Führungskraft respektlos und derart, dass es das Ziel ist, die Mitarbeiter zu verunsichern, indem sie Situationen vage und unbestimmt halten, gleichzeitig einen hohen Druck aufbauen und permanent ihre Mitarbeiter „challengen" (V-1, Z. 12), kann sich das negativ auf die eigene Achtsamkeit und die Achtsamkeit im Team auswirken.

> „Die neue Situation hat schon begonnen, die alte dauert noch an. Für Beteiligte ist das wie ein Dauer-Verrücktmacher, der ihnen die Übersicht und die normale Gelassenheit raubt und sie manchmal an ihren Fähigkeiten zweifeln lässt" (Groten 2007, S. 361).

Mit Bezug auf eine derartig als pathologisch zu bezeichnende Unternehmenskultur und –führung (vgl. Hasenmüller 2013, S. 225) kann auf die Subkategorie *Fluktuation* verwiesen werden, die sich nicht nur allein daraus ergibt, aber durch die Rahmenbedingungen an einem Arbeitsplatz und das Führungsverhalten wesentlich mitbestimmt wird. Gerade bei einer hohen Fluktuationsquote (III-1,

Z. 57) oder einem Wechsel in den Führungsstrukturen (III-1, Z. 63) durch Umorganisation (V-2, Z. 99) besteht die Gefahr, dass die „Neuen" das Thema Achtsamkeit als geteilten Wert nicht kennen und sich daher nicht nach diesen Regeln verhalten. Sie müssen an das Thema aufwendig herangeführt werden (I-1, Z. 41).

Bezüglich des Beitrages zu einer nachhaltigen Entwicklung stellt sich mit diesen Kategorien die Frage, welche Konsequenzen sich daraus für die Gestaltung von Lernprozessen zu ziehen sind. Dabei scheinen nicht der umweltbezogene Nachhaltigkeitsgedanke und die Nachhaltigkeit des Lernens selbst besonders innovativ zu sein. Weiterführender scheint es zu sein, den lernenden Akteur - das Subjekt und die Organisation - als nachhaltige Ressource zu betrachten. So beschreiben Siebenhüner & Arnold (2006, S. 333) in einer Interviewstudie mit 13 semi-strukturierten Interviews in sechs Unternehmen, dass nachhaltigkeitsbezogene Anforderungen an die personellen und kulturellen Bedingungen des Unternehmens anzupassen sind.

> „Diese müssen jedoch zugleich von entsprechenden Strukturen und Lernmechanismen flankiert werden, um zu weitergehenden Lernprozessen mit entsprechenden Ergebnissen zu führen. Strukturelle Vorkehrungen wie die Einführung von spezifischen Lernmechanismen oder von Instrumenten des Nachhaltigkeitsmanagements reichen für die erfolgreiche Generierung von nachhaltigkeitsbezogenen Wissen, dass zudem in praktische Konsequenzen mündet, nicht hin" (ebd.).

Eine Entwicklung veränderter Verhaltensweisen und einer Kultur, die der „inneren" Natur des Menschen gerecht wird, so verdeutlicht das Kapitel, muss *mikropolitische Gestaltungsansätze* einschließen. Die Basis dieser Ansätze ist das Formulieren und Kommunizieren konkreter und eindeutiger nachhaltigkeitsbezogener Aussagen, die als Deutungsvorgaben von einem Unternehmensleitbild getragen werden. Dabei geht es ebenso um einen strategischen Rahmen kollektiver Sinnbildung wie um spezifische bewert- und messbare Ziel- und Handlungsvorgaben. Dies muss nach Köpnick (2009, S.

301ff.) für eine Öffnung des Erfahrungs- und Handlungsraumes über eine sensible Bearbeitung personaler und organisationaler Restriktionen auf mikropolitischer Ebene weiter anvisiert werden, damit die handelnden Akteure dies auch mit konkreten Handlungen ausgestalten können.

Neben Problembewusstsein geht es hier um Kontroll- überzeugungen, Wirksamkeitserleben und klare Verantwortungs- zuschreibung. Strukturen und Standards in Form von Energie- und Umweltmanagement- oder Corporate Social Responsibility- Systemen können hier lediglich einen möglichen Einstieg in ein nachhaltiges Verhalten in Unternehmen darstellen, weil sie Anschlussmöglichkeiten individuellen Verhaltens anzeigen und regeln. Weiterführende Beteiligungsansätze eröffnen darüber hinaus die Möglichkeit, die Anforderungen an die nachhaltige Entwicklung in den unterschiedlichen Handlungsfeldern innerhalb einer Organisation partizipativ auszugestalten. Das Schaffen von Betroffenheit und ein regelmäßiges Aufzeigen des Zusammenhangs eigenen Handelns und die damit zusammenhängenden Wirkungen auf das soziale und materiale Umfeld fördert die Relevanz des Nachhaltigkeitsthemas. Mitarbeiter sind hier ebenfalls in die Ableitung von Zielen und Maßnahmen einzubinden. Den Führungskräften und der Personalentwicklung kommt die wichtige Bedeutung zu, die Erfüllung von Arbeitsaufträgen mit Kriterien der nachhaltigkeitsorientierten hier einer achtsamkeitsorientierten Ausführung zu koppeln. Eine *achtsame Führung* dient der Umsetzung von Zielen in konkrete Operatoren des Arbeitshandelns, so Köpnick (ebd.).

Ein sozialökologischer Ansatz des Lernens berücksichtigt in diesem Sinne die Binnenperspektive eines Systems, da eine reine Aufklärung von außen Widerstände mobilisieren kann, weil sie die Individuen mit der eigenen Ohnmacht konfrontiert. Die Ohnmacht kommt nach Hildebrandt (1986, S. 233) daher, dass mit dem Wissen die Erkenntnis reift, dass Krankheit und Umweltverschmutzung gesellschaftlich verursacht sind und das eigene Unvermögen dieser kollektiven Verursachung hilflos gegenübersteht. Dies entspricht dem Phänomen einer *„gelernten Hilflosigkeit"*, die Herzog (1991, S. 70f.) darstellt. Für ein Lernen von Nachhaltigkeit kann daraus geschlussfolgert werden, dass insbesondere dann keine instrumentellen Reaktionen vorliegen, wenn in sich wiederholenden Situationen die Möglichkeit verwehrt wird, eine Kontrolle über die Situation und die Umweltereignisse auszuüben. „Kontrolle meint das Ausmaß an Verhaltensweisen, über die ein Organismus verfügt, um mit situativen Bedingungen so umzugehen, dass sie entsprechend seinen Zielen beeinflusst werden können" (ebd. S. 71).

Diese fehlende Kontrollfähigkeit könne dann in eine gelernte Hilflosigkeit führen, die sich durch Passivität, Vermeidung, Leugnung und auch durch ein fehlendes Selbstwirksamkeitserleben auszeichnet. Die gelernte Hilflosigkeit führt dabei in Verhaltensdefizite, weil es an einer Bestärkung konstruktiven Verhaltens fehlt bzw. das eigene Verhalten immer weniger in der Selbstwahrnehmung verstärkend wirkt. Eine Strategie nachhaltiger Entwicklung muss dies berücksichtigen und im Sinne einer systemischen Kompetenzentwicklung auf die Verstärkungseffekte der Gemeinschaften und behavorial Settings achten, um eine der inneren Natur des Menschen entsprechende Veränderung der Verhaltensweisen wenigstens graduell zu erreichen.

9.8 Achtsamkeit als Kulturaufgabe: Vision, Entwicklungsbedarf und konkrete Schritte zur Achtsamkeit von Organisationen

Werte können als eine Säule der Handlungsbasis in Organisationen gelten. Dabei dienen Unternehmensleitbilder, Visionen und Unternehmensphilosophien als formalisierte Unternehmenswerte. Diese stellen Entscheidungsprämissen zur Verfügung, die die Funktion einnehmen, Anschlussentscheidungen wahrscheinlich werden zu lassen, indem vorhergehende Entscheidung nicht weiter infrage gestellt werden (vgl. Groddeck 2011, S. 178). Die Dialoginterviews beinhalten als Strukturelement die Frage danach, welche zukunftsgerichteten Träume, Visionen und konkrete Handlungs-vorschläge seitens der Befragten bestehen bzw. vorstellbar erscheinen (vgl. Jung et al. 2000, S. 126f.).

Diese Visionen bestehen aus verschiedenen Teilaspekten und mentalen Szenarien darüber, was als möglich und erforderlich erachtet wird. Diese Szenarien kombinieren eine tatsächliche Realität mit normativ aufgeladenen Zukunftsentwürfen und -ideen. Diese sind im Falle der vorliegenden Untersuchung eher als fragmentarisch zu betrachten. Eine Konkretisierung einer Nach-haltigkeitsvision in Bezug auf Achtsamkeit fehlt weitestgehend.

> „Das Ziel der nachhaltigen Unternehmensentwicklung wird zwar allgemein im Unternehmen begrüßt, es herrscht jedoch Unklarheit, welche Vision das Unternehmen tatsächlich hat und welche Nachhaltig-keitsziele konkret angestrebt werden" (Hasselmann 2013, S. 166).

Gaßner & Steinmüller (2006, S. 135) stellen in diesem Sinne die Zweckmäßigkeit heraus, die ein visionäres Szenario als normatives Leitbild einnehmen kann. Neben der Einschätzung von richtigem und falschem Handeln kann es dahingehend „zielführend" sein, einen Konsens zu erreichen, da dieses als Leitvision die Beteiligten aktiviert. Dies erscheint insofern wichtig, dass Organisieren innerhalb einer Organisation als kreativer und aktiver Prozess verstanden werden kann, der von der freiwilligen Gefolgschaft der Mitarbeiter lebt: Führen und Führung zulassen sind zwei miteinander verbundene Aspekte. Obholzer & Miller (2004, S. 34) stellen dazu drei Merkmale als Kernfunktion von Führung heraus:

1. Führung braucht eine Vision, welche geprägt ist von einer emotionalen Beteiligung als Passion.
2. Führung zur Erreichung der Vision braucht eine Strategie, damit die Mitarbeiter aktiv werden können.

3. Führung braucht zur Verbindung beider Elemente einen klaren Fokus auf die „primary task of the organization [...] to be reality based" (ebd. S. 34ff.).

Die Autoren weisen ergänzend darauf hin, dass die Funktion einer Vision nicht zwangsläufig den höchsten Stellenwert in einer Organisation hat, aber diese visionäre Komponente von Führung eine kohärenzbildende Aufgabe übernimmt, da sie dem Handeln der Akteure Sinn verleiht. Die Führungskräfte sind damit sozusagen die „agents of change" (Watkins et al. 2012, S. 379), welche als transformative Führer die Rolle als Mentoren übernehmen, visionär, kreativ und ethisch zu führen. Die Rolle dieser Führungskräfte kann im *Alignment von individuellen und organisationalen Visionen* als gemeinsame Vision gesehen werden.

> „Transformative learning involves experiencing a deep, structural shift in the basic premises of thought, feelings, and actions. It is a shift of consciousness that dramatically alters our way of being in the world. Such a shift involves our understanding of ourselves and our self-locations; our relationships with other humans and with the natural world; our understanding of relations of power in interlocking structures of class race, and gender; our body awarenesses, our visions of alternative approaches to living; and our sense of possibilities for social justice and peace and personal joy" (O´Sullivan et al. 2002, S. 11).

Eine nachhaltige Entwicklung als ökologische Transformation und Selbsttransformation in und von Organisationen scheint so einen visionären Zugang zu benötigen. Im folgenden Abschnitt mit der Kernkategorie *„Vision, Entwicklungsbedarf und konkrete Schritte"* wird daher die Frage verfolgt, welche Ansätze sich identifizieren lassen, die Natur und damit die nachhaltige Entwicklung der Akteure Subjekt und Organisation zur Kulturaufgabe zu machen. Die Berücksichtigung dieser Perspektive erscheint gerade aus dem Grund relevant, als dass der überwiegende Teil der Untersuchungs-teilnehmer eine Führungsfunktion innehat und daher davon ausgegangen werden kann, dass sie ein entsprechendes visionäres

Gestaltungspotential in ihren Verantwortungsbereich einbringen können.

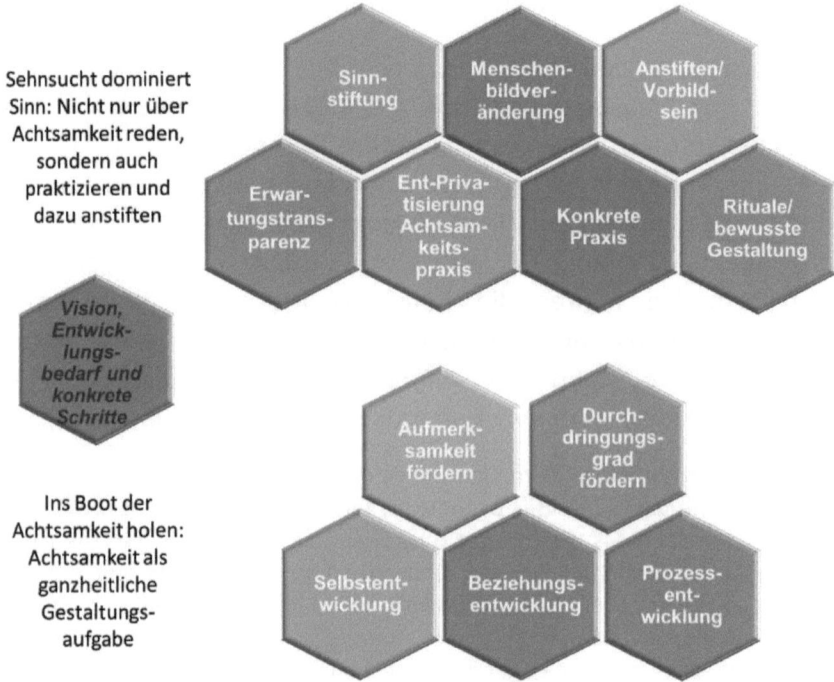

Abbildung 22: Kernkategorie „Vision, Entwicklungsbedarf und konkrete Schritte für Achtsamkeit in Organisationen"

9.8.1 Sehnsucht dominiert Sinn: Nicht nur über Achtsamkeit reden, sondern auch praktizieren und dazu anstiften

Für die Entwicklung und Umsetzung einer Vision bedarf es einer **Sinnstiftung**. Die Gefahr liegt zunächst darin, dass Achtsamkeit als Teil der Sinnstiftung dazu genutzt wird, strategisch die Zufriedenheit und die Leistungsfähigkeit der Mitarbeiter zu steigern (III-1, Z. 149). Achtsamkeit kann hier zum Instrument degenerieren, mit einer diffusen Komplexität des Marktes und der Welt zurechtzukommen (III-1, Z. 149). Eine andere Perspektive, welche sehr stark durch die Unternehmenskultur beeinflusst wird, kann darin gesehen werden, dem Handeln der Menschen in einem Unternehmen Sinn zu verleihen, d.h. sich für das Ganze einzubringen und nicht nur „für den Papierkorb" zu arbeiten (I-1, Z. 97ff.). Achtsamkeit als kollektives Phänomen kann hier einen Beitrag dazu leisten, Arbeitszeit als wertvolle Lebenszeit zu verstehen (I-1, Z. 103). Achtsamkeit muss dabei selbst mit Sinn versehen werden, weil gerade Männer in einem technikorientierten Unternehmen dem Thema Meditation kritisch gegenüberstehen (IV-2, Z. 165) und dieses belächeln (II-2, Z. 64).

> „[...] der Einwand der Mitarbeiter kommt sozusagen vom Energetischen her, es geht um Meditation" (III-1, Z. 76).

Weniger auf den Begriff „Meditation" zu verwenden , sondern die Nutzung anderer Labels wie achtsames Umgehen mit E-Mails oder achtsame Meetings kann dies unterstützen (V-1, Z. 34), weil sich damit konkrete Probleme und leidbehaftete Situationen adressieren und lösen lassen, ohne dass sich einer der Beteiligten mit seiner ganzen Person einbringen und offenbaren müsste. Mit den Vorbehalten gegenüber dem Thema Achtsamkeit kann auf generelle Inkongruenzen zwischen dem Leben der Einzelnen und dem der sozialen Gruppe im Unternehmen verwiesen werden.

Die Interviews lassen deutlich erkennen, dass die beruflichen Rollen und das eigene Selbst in der Trennung von Beruf und Privatem im Widerspruch stehen. Dies zeigt sich in einer fallübergreifenden Betrachtung darin, dass bis auf die Interviewpartner II-2 & III-1 keiner der Untersuchungsteilnehmer geäußert hat, dass Acht-samkeit etwas ist, was sich als grundsätzliche Haltung in den alltäglichen Handlungen zeigt. Vielmehr besteht der Eindruck, dass Achtsamkeit zunächst als eine Art Gegenprogramm zum Druck und Stress als eine wie auch immer geartete Gelassenheit von außen wahrgenommen wird, wobei an der bestehenden Lebensweise und Arbeitsweise nichts verändert wird. Es dominiert der Wahr-nehmungsfilter von Achtsamkeit als Gelassenheit durch eine im besten Falle über den Tag verteilte Meditationspraxis. Die anderen Wahrnehmungsfilter wie die persönlichen Erwartungen an die anderen, ich und der andere als grundsätzliche Erfahrung des Getrenntseins, Bewertungen der Zusammenhänge und des eigenen Lebens, der Wunsch nach Kontrolle und die Rationalisierung auf die eigene Identität scheinen unverändert zu bleiben. Jedoch wird in der buddhistischen Psychologie der eigentliche Kern von Achtsamkeit genau im Loslassen dieser Muster gesehen (vgl. Trungpa 2011, S. 91ff). Achtsamkeit selbst lässt sich als ein „Lassen" im Sinne von etwas Sein-Lassen fassen:

> „Demgemäß kann man nur dann, wenn Lassen zu einem Grundzug der Lebenseinstellung geworden ist, von Gelassenheit sprechen. Ein Mensch, der in allem, was er tut und was im zustößt, das Lassen praktiziert, ist ein gelassener Mensch" (Manstetten 2007, S. 17).

Als Ursache für diesen konzeptionellen Widerspruch kann die fehlende Integration der ganzen Persönlichkeit in die Vielfalt des Lebens gesehen werden. Dieser Widerspruch entwickelt sich aus den Bewegungsfeldern in unterschiedlichen sozialen Kontexten mit ihren Werthaltungen und Weltbildern. Das Außen wird dann zum Inneren und bleibt sich selbst dennoch fremd: „Wir managen den äußeren Anschein" (Senge et al. 2011, S. 339).

Dieses Management werde durch den Glaubenssatz des „Weniger-Schlecht-Seins" bzw. den Wunsch etwas Besonderes zu sein, was Miller (1979, S. 68ff.) als das Streben nach Grandiosität zur Befriedigung des narzisstischen Bedürfnisses nach Anerkennung beschreibt, angetrieben, das mit einer Verleugnung des eigenen Selbst einhergeht. Die Interviewteilnehmer scheinen nicht wirklich ehrlich in Bezug auf ihr inneres Selbst zu sein und verstärken damit den inneren Widerspruch zu den äußeren Anforderungen, weil sie sich immer wieder zu den für sie „falschen" Sachen und Anforderungen hinreißen lassen. Die Teilnehmer perpetuieren ihre Situation, weil sie sich im Kern zunächst nicht zu wandeln scheinen. Die Teilnehmer verkennen, dass die Welt, wie sie diese wahrnehmen, nicht vorgegeben ist oder faktisch ist, sondern dass sie eine Inszenierung des Geistes ist. Dem liegt die Annahme zu

Grunde, dass ein Erkennen und das Erkannte sich gegenseitig bedingen (vgl. Varela & Thompson 1992, S. 161ff.).

Die innere Vision eines Untersuchungsteilnehmers erscheint dementsprechend als eine Sehnsucht. Er formuliert, dass eine innere Verbundenheit zwischen einer kollektiven Sinnstiftung zu den eigenen Visionen ein hohes Maß an Energie und Kreativität freisetzen kann, weil sich innere und äußere Arbeit dann entsprechen. I-1 (Z. 97) formuliert das in seiner Vision folgender-maßen:

> „Ich sehe schon meine Kollegen, also ich schaue jetzt auch wie durch eine Glasscheibe, und die sehen einfach zufrieden aus, also sie lächeln und sind aber trotzdem in einer wachen Aufmerksamkeit und sind sich selbst bewusst und sind sich auch der anderen um sich herum bewusst und wissen im Prinzip aus diesem Bewusstsein heraus, dass das, was sie da tun, Sinn macht"

Diese Vision verdeutlicht damit auch, dass es einen grundsätzlichen Widerspruch zwischen den Unternehmenswerten und der Logik der Organisation als System (vgl. Baecker 1999) mit der Logik des Menschen als Natur-, Geist-, Körper und Gefühlswesen (vgl. Schmied 2007, S. 79ff.) zu geben scheint. Diesem Widerspruch entsprechend wird durch die Interviewpartner als Vision dazu das vorherrschende **Menschenbild** (IV-1, Z. 115) im Unternehmen angesprochen. Wie der Mensch in seinem Wesen als soziobio-psychisches System funktioniert, scheint hier weitestgehend unberücksichtigt und vernachlässigt (I-2, Z. 221).

> „Schauen sie mal, die Jungs kommen, oder die Mädels kommen von der Universität mit irgendeinem Studium und wollen, wie ich vorhin schon erwähnt habe, den Audi und die iPads und das ganze Gelumpe, aber kein Mensch bringt denen irgendwelche Führungsgrundsätze, Führungs-erfahrungen bei. Führungsgrundsätze lernen sie auch wieder an der Uni, die verschiedenen Modelle, die es da gibt, aber wie das nachher live im Alltag abläuft, das bekommen sie nicht mit. Da suchen sie sich im schlimmsten Fall noch irgendein Muster, irgendein Vorbild von einem großen Manager, der da in einem Artikel in der einschlägigen Presse

erklärt hat, wie er den Laden umgekrempelt hat, und dann denken, genauso muss ich auch sein und so werde ich erfolgreich. Also wie gehe ich mit einem Menschen um, was hat das für Auswirkungen etc., bekommen junge Menschen heute oftmals gar nicht mit" (IV-1, Z. 114).

In den Unternehmen bedarf es daher einer „neuen" Offenheit, welche V-2 (Z. 226f.) dahingehend formuliert, dass die Offenheit dort kultiviert ist, wo Emotionen offen gelebt werden können, ohne dass sie negativ sanktioniert werden wie beispielsweise

„sich mal Luft machen zu lassen, mal laut werden zu dürfen. Das muss ein gegenseitiges Prinzip sein" (V-2, Z. 228).

Die Berücksichtigung von Emotionen innerhalb der Organisation durch Führungskräfte stellt eine wertvolle Ressource dar, um Informationen zu gewinnen, die notwendig sind, um Gelegenheiten und Herausforderungen zu erkennen. Die Berücksichtigung der emotionalen Stimmung ermöglicht es, Entscheidungsbedarf zu erkennen und gleichzeitig die richtigen Entscheidungen zu treffen (vgl. Armstrong 2004, S. 11).

Dabei ist es unumstritten: Organisationen sind gefühlvolle Orte. Das heißt nicht, dass über Gefühle gesprochen wird oder diese gezeigt werden. Es heißt vielmehr, dass Gefühle berührt werden und bisweilen durch Bedürfniskollisionen auch verletzt werden. Freude und Zufriedenheit sind ebenso lebendig wie Frustration und Zorn. Armstrong (ebd.) bezeichnet diese Erkenntnis als organisations-theoretische und psychologische Binsenweisheit: Gefühle konsti-tuieren das organisationale Leben. Es soll an dieser Stelle sogar die Annahme formuliert werden, dass Emotionen zu einer Art Institution innerhalb einer Organisation werden können, denn sie strukturieren vor, wie an Aufgaben herangegangen wird und wie Herausforderungen bewältigt werden. Deshalb ist es für Organisationen wichtig, eine Aufmerksamkeit für emotionale Grundstimmungen innerhalb einer Organisation zu entwickeln. Der Anfangspunkt wird dabei in der Achtsamkeit in Bezug auf die eigenen Gefühle gesehen, die das eigene Verhalten antreiben. Die dafür notwendige Selbstklärung als Erreichung einer emotionalen Intelligenz ist die Voraussetzung für die Beobachtung und angemessene Beurteilung der „Gruppengefühle".

Diese Perspektive erscheint allerdings nicht als organisationaler Selbstläufer, sondern es bedarf eines gezielten *Anstiftens* und *Vorbildseins* (IV-1, Z. 130), was insbesondere als Aufgabe der Führungskräfte im Rahmen ihrer Führungsverantwortung gesehen wird. Führungskräfte müssen Achtsamkeit zum Leitthema machen (V-1, Z. 107f.). Dementsprechend verweisen die Interviewpartner auf den Austausch im Leitungsteam (III-1, Z. 93), um einerseits über das Thema zu informieren, andererseits aber auch mögliche Szenarien zu entwickeln, wie das Thema an die Geschäftsführung und die Personalabteilung weitergetragen werden kann (III-1, Z. 147). Die aktive Gestaltung eines konkreten Veränderungs-prozesses, beispielsweise in Form eines Vierstufenprozesses, (II-2, 82) wird dabei als erfolgsversprechend angesehen, da hier ein *ganzheitlicher Gestaltungsansatz* verfolgt werden kann, der die Mitarbeiter auf unterschiedlichen Ebenen erreichen kann.

Führungskräfte haben aber nicht nur die Aufgabe, die große Strategie der achtsamen Entwicklung zu gestalten, sondern auch die Werte der Achtsamkeit zu leben und einzufordern bzw. die Unsicherheit im Umgang mit dem Thema zu absorbieren:

> „Und meinem Team, also meinen direkten Mitarbeitern, versuche ich eben auch zu signalisieren, wenn einer mir dann abends um acht Uhr Mails schickt, dann spreche ich ihn am nächsten Tag darauf an, er bekommt erstmal von mir keine Antwort auf diese Mails und ich spreche ihn am nächsten Tag darauf an" (V-1. Z. 90).

Führungskräfte sollten hier die Aufgabe wahrnehmen, aktiv für das Thema und die Seminarreihe Werbung zu machen und die Teilnahme der Mitarbeiter unterstützen (II-2, Z. 49). Umgekehrt ist es genauso wichtig, das Thema in einer Bottom-Up Perspektive seitens der Mitarbeiter immer wieder einzufordern und damit voranzutreiben, indem die Vorgesetzten und das Team dafür auch immer wieder sensibilisiert werden (II-1, Z. 100). Dies kann allerdings ein wenig Mut erfordern, für sich selbst einzustehen:

> „Wirklich diesen einen Schritt weitergehen, diesen Mut zu haben, diese persönlichen Präferenzen wirklich da anzusprechen, wo sie eben dem ein oder anderen auch wehtun" (I-1, Z. 111).

Im Kern geht es darum, dass eine Organisation als eine Art Organismus gesehen werden kann, die nicht durch beliebige Interventionen veränderbar ist. Vielmehr spielen die Führungskräfte als Vorbild hier eine Rolle, einen Beitrag für eine Veränderung durch konkrete und konstruktive Selbstveränderung zu leisten (II-2, Z. 35ff.).

> „Es ist nicht nur darüber reden, sondern es auch irgendwie praktizieren und andere dazu anstiften, das auch einmal auszuprobieren" (IV-1, Z. 130).

Der entscheidende Punkt, so Süß (2009, S. 194) sind insgesamt die Rückkopplungen auf der Ebene der sozialen Interaktionen, da hier Aspekte von formalisierten Regeln in Bezug auf eine vollzogene Praxis als Interpretationsschema dienen und die Basis für Sinndeutungen darstellen. Handlungen in Bezug auf eine nachhaltige Entwicklung wie durch Achtsamkeit bedürfen einer Rechtfertigung und Legitimation. Führungskräfte bieten bzw. gewährleisten eine Handlungsorientierung, in die sich die individuellen Interessen einfügen, d.h. im Sinne eines „sozialen Spiels" die Regeln des Systems genutzt werden, um die eigenen Interessen verfolgen zu können, ohne Gefahr zu laufen, die eigenen Mitgliedschaftsbedingungen in Frage zu stellen.

Letztlich geht es in einem Unternehmen um *Erwartungstransparenz* (II-1, Z. 96), d.h. in der Team- und Arbeitskultur Feinheiten anzusprechen, herauszuarbeiten und transparent zu machen.

> „Warum muss ich denn immer wieder Streit schlichten und Ideen, die schon da sind, rauslocken. Jetzt gehe ich wieder zurück auf die Mit-

arbeiterebene. Die erfahren jetzt diese Wertschätzung, merken selber auch, ich kann verändern, ich darf verändern" (II-2, Z. 66).

Führungskräfte wie Mitarbeiter brauchen klare Regeln, um ihr Arbeitsumfeld bewusst gestalten zu können (III-1, Z. 115). Dazu braucht es aber auch eine Beteiligung aller und eine Vereinbarung über klare Konventionen (IV-2, Z. 76) als Grundsätze für Führung und Zusammenarbeit (IV-2, Z. 78). Die Erwartungstransparenz geht sogar so weit, die Idee zu formulieren, das Thema Achtsamkeit als Teil der Führungskräfteentwicklung verpflichtend zu machen (V-1, Z. 106).

Eine ambivalente Position kann in diesem Zusammenhang in der Frage nach der *Ent-Privatisierung der Achtsamkeitspraxis* gesehen werden. Einerseits sprechen die Interviewpartner von Abwehr-haltungen von Kollegen und Kolleginnen (III-1, Z. 85) oder von einer persönlich tiefgreifenden spirituellen Entwicklung (II-2, Z. 60), dass die Einschätzung vertreten wird, eine Achtsamkeitspraxis im privaten Bereich zu verorten. Im Vordergrund stehen damit die Annahmen, Achtsamkeit gehöre in den Bereich der Selbst-verantwortung (vgl. Löhmer & Standhardt 2014, S. 55), wobei gerade Ansätze wie das Mindfulness-Based Stress Reduction Programm eher als subjektzentriert zu fassen sind und eine systemische Komponente eher außerhalb der Betrachtung liegt.

Gleichzeitig äußern Interviewteilnehmer aber andererseits auch die Ansicht, dass eine Entprivatisierung der Achtsamkeitspraxis ein hilfreicher Schritt wäre, die Entwicklung im Unternehmen voran-zutreiben. Die Subkategorie der Ent-Privatisierung erscheint dahingehend als etwas widersprüchlich, da davon ausgegangen wird, dass es einer *konkreten Praxis* und einer *bewussten Gestaltung mit Ritualen* bedarf, um das Thema Achtsamkeit im Unternehmen zu stärken. Hierzu gehören das regelmäßige Üben oder Innehalten ebenso wie die Beschäftigung mit einer emotionalen Selbstführung (I-1, Z. 85ff.). Dies betrifft aber auch die Zusammenarbeit im Team, beispielsweise in Bezug auf den Umgang mit der Informationsflut als Stressverursacher, welche eher als systemisches Problem gedeutet werden kann (vgl. Childre & Rozman 2005, S. 60):

> „Aber ich hab´ mir schon vorgenommen, mir einzelne Dinge da raus zu nehmen, es gab da zum Beispiel so eine herrliche Aufstellung zum Thema achtsamer Umgang mit E-Mails, einfach diese Fragen, die man sich stellen sollte, weil das ist auch eine Krankheit bei uns, diese irre Informationsflut, nach dem Motto Hauptsache, ich habe alle drauf kopiert, und irgendeinen wird es schon interessieren" (V-2, Z. 69).

Letztlich geht es um ein „wechselseitig miteinander gestalten" (I-1, Z. 83) als sozialverantwortliches Handeln von jedem Einzelnen, da das Schaffen individueller Freiräume oder Auszeiten und bewusster Arbeitszeiten ebenso von der Akzeptanz der anderen abhängt wie die gemeinsame Lösung anstehender Aufgaben in der sachlichen und zwischenmenschlichen Zusammenarbeit.

> „Und Klasse wäre - also leichter wäre es [...] wenn das noch viel mehr en vogue wäre, wie wenn es einen Gong gibt um elf Uhr und man zieht sich drei Minuten zurück. Also wenn das generell mehr gestützt durch das Umfeld wäre. Ich muss es halt für mich tun, das wäre leichter" (III-2, Z. 105).

> „Auf der Abschlussbesprechung haben wir auch gesagt, das ist zwar alles schön und gut, wenn wir das jetzt wissen, aber im Prinzip muss sowas ein komplettes Team machen. Also es muss vom Vorgesetzten bis zum letzten Teammitglied, müssen alle auf dem gleichen Level sein" (IV-2, 80).

Achtsamkeit bleibt damit immer noch ein großes Stück in der privaten Verantwortung, weil es immer auch um persönliche Rituale geht (III-1, Z. 17), wie sich persönlich Puffer für den Übergang von einem Meeting zum nächsten Meeting einzubauen (I-1, Z. 21) oder rechtzeitig zu einem Meeting wegzufahren (IV-1, Z. 89). Allerdings scheint es auf der sozialen Ebene ebenso hilfreich zu sein einen Besprechungsplan für einen Organisationsbereich zu etablieren, bei dem die Besprechungen nicht mehr zur vollen Stunde beginnen, sondern derart terminiert sind, dass 15 Minuten

Übergang vorhanden sind und jede Besprechung eine Stunde dauern kann (V-1, Z. 86). Aber auch das Verhalten in den Besprechungen benötigt eine gemeinsame Achtsamkeitspraxis, wenn sich das Thema verbreiten soll:

> „[...] dass wir in den Besprechungen am Anfang erst mal ein Stück weit ankommen durch die Meditation am Anfang. Dass man die Dinge, die man zu so einer Besprechung mitbringt, im Prinzip für sich nochmal loslassen kann und dann in der Besprechung wirklich stärker präsent ist" (I-1, 87).

9.8.2 Ins Boot der Achtsamkeit holen: Achtsamkeit als ganzheitliche Gestaltungsaufgabe

Um Achtsamkeit in einer Organisation als wesentliches Merkmal der Organisationskultur zu etablieren, braucht es letztlich einen Ansatz, wie er in der Kategorie die *Aufmerksamkeit fördern* zu Tage tritt. Dies kann sogar auch provokativ kann:

> „Ich hatte sofort das innere Bild, also das können Sie sein oder eine beliebig andere Person, die einfach ein- oder zweimal am Tag, das kann auch ein Student sein, der dafür 5 Euro kriegt, der sich einmal am Tag mitten in die Abteilung setzt und meditiert oder eine Stehmeditation macht, oder irgendwas. Das kam mir gerade so als Bild. [...] Es ist bei uns akzeptiert, wir als Firma unterstützen das. Es ist ja was, was erst mal provoziert und damit erst mal was, was mir sehr liegt" (II-2, Z. 57ff.).

Letztlich geht es darum, das Thema sichtbar zu machen (II-2, Z. 60), es immer wieder aufzufrischen, indem es thematisiert wird und die Akteure sich gegenseitig auf die Dinge hinweisen (IV-1, Z. 36). Grundsätzlich gilt es immer wieder, auf das WARUM aufmerksam zu machen (I-1, Z. 7), damit die sinnstiftende Intention des Achtsamkeitsanliegens nicht verloren geht. Damit sind einerseits alle Mitarbeiter gefordert dafür einzustehen, dass die Beachtung der Prinzipien des Achtsamkeitstrainings informell eingefordert wird. Andererseits kann auch ein Achtsamkeits-Pate damit beauftragt werden, als Person (I-1, Z. 126) oder als Abteilung im Rahmen eines Veränderungsprozesses (II-1, Z. 3) das Anliegen immer wieder auf die Tagesordnung zu holen. Damit kann zum einen der informatorische und aufmerksamkeitsbezogene **Durchdringungsgrad** gefördert werden, zum anderen kann der soziale und personelle Durchdringungsgrad angehoben werden, indem andere Kollegen und neue Kollegen immer wieder aufs Neue angesprochen werden, Achtsamkeit erleben und damit ins *„Boot der Achtsamkeit"* geholt werden (I-1, Z. 87).

> „[...] bei einem Thema wie Achtsamkeit könnte man schon an ein nationales Seminar denken" (I-1, Z. 15).

Für die Förderung der Durchdringung können weitere Seminarstaffeln angeboten werden oder zwei bis drei Workshops (II-2, Z. 82), um den Durchdringungsgrad zu steigern.

> „Durchdringungsgrad von 10, 20, 30 %, je nach Hierarchieebene. Naja, sagen wir mal, so 10-12 % und überlegen da gerade, wie kann man da jetzt Richtung 100 % weitermachen. Und dann hört das auf mit, wer Lust hat, der meldet sich an" (II-2, Z. 49).

Dabei ist den Interviewpartnern auch klar, dass ein Seminarbesuch allein in der Alltagspraxis nichts verändert. Vielmehr gilt es, weiterführende Entwicklungsmaßnahmen anzustoßen, bei denen in Form von Workshops (V-2, Z. 171) die zentralen Entwicklungsaufgaben auf den Handlungs- und Erfahrungsebenen der **Selbstentwicklung**, **Beziehungsentwicklung** und **Prozessentwicklung/veränderte Arbeitsorganisation** identifiziert und einer Veränderung zugeführt werden.

> „Wir hatten jetzt gerade diese Woche so zwei Tage, wo wir gesagt haben, dass wir jetzt dies auf die Beine stellen. Und dann sitzt man da drin und hat nur die zwei Tage, um etwas zu tun, was ich für ein cooles Format halte. Jetzt alle voll konzentriert mit allem, was dazugehört, und dann kommt es natürlich dann auch zur Auseinandersetzung, und da war ich wirklich froh drüber" (I-2, Z. 219).

Aus diesen drei Subkategorien der Handlungs- und Erfahrungsebenen ergeben sich zentrale Erfolgsfaktoren, damit eine Organisation lernen kann. Meier (2002, S. 146) stellt dar, dass gerade ein patriarchalischer Führungsstil und eine fehlende Einbindung der Mitarbeiter die Lernchancen eines Systems verkleinern. Demgegenüber könne ein kooperativer Führungsstil und die Partizipation der Mitarbeiter mit regelmäßigen und offenen Kommunikationsformen die Lernbereitschaft und -fähigkeit erhöhen. Dies eröffnet eine Perspektive auf die Führungskräfte, deren Selbstverständnis gerade in den teilnehmenden Unternehmen der metallverarbeitenden und chemischen Industrie oftmals als technokratisiert beschreibbar ist (vgl. Fassbender 2006, S. 5). Hier kann eine Trivialisierung von Führungsinteraktionen beobachtet werden, die die Komplexität modernen Führungshandelns unterminiert. Eine *Selbstentwicklung* kann dafür ein erstes Fundament der Selbstveränderung begründen. Dazu ist es wichtig in die

> „[...] Mindsets zu gehen, ist es eigentlich unerlässlich, dass jeder erstmal bei sich selbst anfängt" (II-1, Z. 3).

Ein wichtiger Schritt scheint dazu die Stärkung der Wahrnehmung und des Bewusstseins für den eigenen Körper zu sein (I-1, Z. 92) und die Fähigkeit das eigene Erleben in den Vordergrund zu stellen (II-1, Z. 3). Zum Thema Achtsamkeit bietet sich auch eine weiterführende Entwicklung durch den Besuch anderer Seminare wie Stressmanagement (IV-2, Z. 68) oder des Seminars „Der Selbstentwickler" nach Corssen an (II-1, Z. 11). Das Ziel dieser Seminare ist die persönliche Erschließung und Vertiefung von Sachverhalten wie Selbstverantwortung, Selbstbewusstsein und -vertrauen (vgl. Corssen 2004) oder die Bereitstellung von Tools und Hilfen zur Bewältigung schwieriger Situationen.

> „Wir müssen eine Art Selbstarchäologie beginnen, d. h. eine systematische Erforschung der ganz eigenen Grundlagen, auf denen „unsere innere Kultur" bzw. unser Denken, Fühlen und Handeln beruhen. Es geht dabei nicht darum, irgendwelchen Störungen unserer Wahrnehmung auf die Spur zu kommen. Vielmehr geht es der Selbstarchäologie um eine gewissermaßen leidenschaftslose Analyse und Rekonstruktion der Elemente, aus denen wir uns unsere

Erfahrungen „basteln". Diese begegnen uns nämlich nicht einfach in der Form von Schicksalsschlägen oder „unmöglichem" oder „verantwortungslosem" Handeln anderer, sondern gewinnen erst Gestalt, wenn wir sie uns selbst und anderen erzählen" (Arnold 2008, S. 17f.).

In dieser Subkategorie kann auch verdeutlicht werden, dass Achtsamkeit etwas mit der Übernahme von Selbstverantwortung zu tun hat, auf die täglichen kleinen Ablenkungen zu achten und sich bewusst immer wieder für ein achtsames Handeln zu entscheiden, wenn es darum geht, über den Tag immer wieder einmal fünf Minuten in die Stille zu gehen oder darauf zu achten

> „nicht mehr so wie früher [...] mal eben zu schauen, ob das Handy geblinkt hat oder nicht geblinkt hat. Also heute lasse ich mein Firmenhandy zu Hause, wenn wir am Wochenende weg sind. Ich habe mein Privates dabei, aber mein Firmenhandy bleibt zu Hause" (V-1, Z. 78).

Unabhängig davon, was an genauen Einzelmaßnahmen durch jeden verfolgt wird, gilt es letztlich, immer wieder darauf zu achten, was jedem einzelnen persönlich wichtig ist und daher in einer bestimmten Situation für ihn die wesentliche eigene Leistung ist (I-2, Z. 179). Und das gilt für die individuellen Bezüge ebenso wie für die Bezüge in der *Beziehungsgestaltung*. II-1 (Z. 39) berichtet beispielsweise von einem Outdoortag mit dem Team und einem externen Trainer. Die Kombination aus Naturerleben, herausfordernden Teamaufgaben und dem vorhandenen Commitment zu den Aufgaben war ein Initiator für ein teambezogenes Wohlgefühl, ein Flow-Erleben und vor allem ein Wir-Gefühl, wobei sich die Einzelelemente gegenseitig verstärken.

> „Also eine Übung, die am intensivsten war, da waren wir im Wald. Da hatte der Teamcoach Slacklines aufgebaut und da wurde sozusagen ein Parcours mit Slacklines gebildet und wir hatten als Team die Aufgabe, gesamtheitlich als ganzes Team, uns von Start bis Ende über diesen Parcours zu bringen und zu balancieren. Und immer, wenn einer runtergefallen ist, musste das ganze Team wieder zurück. Und wir konnten uns am Anfang dieser Übung überhaupt nicht vorstellen, wie wir das überhaupt je bewerkstelligen sollten, weil ich glaube, wenn

138

überhaupt zwei aus dem Team jemals zuvor schon einmal auf so einer Slackline standen und die Auseinandersetzung mit Balance bei einigen doch große Fragezeichen aufgeworfen hat und wir dann diese Übung gemacht haben, natürlich am Anfang gescheitert sind, aber uns gegenseitig immer motivieren und bestärken konnten, dass wir das schaffen und überlegt und gefragt haben, was derjenige braucht. Wer soll vielleicht vorne und hinten dran stehen, um eine gewisse Sicherheit zu geben, um es nochmal zu probieren. Es hat recht lange gedauert, also ich hatte irgendwo das Zeitgefühl auch verloren bei dieser Übung, weil man unheimlich konzentriert war. Aber eben nicht nur auf sich konzentriert war, sondern auf das ganze Team und natürlich schon mit Fokus hauptsächlich auf die, die vor und nach einem waren. Man hatte aber immer trotzdem das ganze Team im Blick, also eben sehr in Richtung Achtsamkeit, in diesem Fokus. Und dann hat sich tatsächlich ein Glücksgefühl eingestellt, als wir das als gesamtes Team am Schluss geschafft hatten und wirklich eine unheimliche Bestärkung des ganzen Wir-Gefühls da war. Das war im Endeffekt ein ganz warmes Gefühl, das auch unheimlich stolz gemacht hat" (II-1, Z. 41).

An dieser Stelle muss herausgestellt werden, dass sich Unternehmen II aufgrund seines parallel laufenden Veränderungsprozesses in vier Stufen am intensivsten und systematischsten mit dieser Handlungsebene beschäftigt. Neben der zwischenmenschlichen Teamentwicklung zählen hier insbesondere Ansätze zur Förderung der Zusammenarbeit im Rahmen der Präferenzanalyse (siehe oben), bei der es darum geht, sich seiner Werte bewusst zu werden und eine Transparenz in Bezug auf sich selbst im Zusammenspiel mit den anderen in einem Team zu erlangen (II-1, Z. 86), denn

„[...] für mich ist wirklich die Grundvoraussetzung dieses Zwischenmenschliche, was uns heute blockiert, aus dem Weg zu räumen. Ich glaube, dann ist egal welchen Prozess wir haben, um uns eben auszutauschen, und wir probieren unterschiedliche Methoden" (II-1, Z. 102).

Die zwischenmenschliche Ebene dient in diesem Verständnis als Wegbereiter für eine konkrete *Prozessentwicklung* und *veränderte Arbeitsorganisation* als ein weiterer wesentlicher Schritt zu mehr

Achtsamkeit. Ansätze reichen hier von der konkreten Festlegung von acht Minuten Meditation zu jedem Besprechungsbeginn (I-1, Z. 87) über Ideen und auch konkrete Lösungen zu einem Social Intranet als Ich-Tausche-Plattform (IV-2, Z. 178), ein Social Media Tool, bei dem Informationen im Gegensatz zum E-Mail-Verfahren aktiv abgeholt werden. Es sind aber auch Maßnahmen zur Überwindung der Interessenkonflikte denkbar, die durch die Parallelität von Linien- und Projektorganisation entstehen (III-1, Z. 115), indem die Projektmitarbeiter klare Zeitfenster bekommen, um konzentriert an einem Thema arbeiten zu können (III-1, Z. 113). Für den Prozess der internen Zusammenarbeit gehört es auch immer dazu, Zeiten zu reservieren, in denen sich das Team treffen und auf die Teamarbeit fokussieren kann (III-1, Z. 23). Feste Chat-Zeiten nach der Mittagspause verändern bspw. die Art der Zusammenarbeit, weil kollektiv transparent ist, wann die Gelegenheit für Abstimmungsgespräche ist und zu welchen Zeiten ein konzentriertes und störungsfreies Arbeiten möglich sein soll. Dazu gehört in einem Großraumbüro ein

> „[…] Bitte-nicht-stören-Schild und wir haben Kopfhörer organisiert, die Geräuschpegel komplett rausnehmen und die natürlich auch sichtbar für die anderen signalisieren, dass derjenige gerade voll konzentriert ist" (II-1, Z. 21).

Die Zusammenarbeit kann für eine verbesserte Kooperation auch über ein Planungsbord (II-1, Z. 19) erfolgen. Bei diesem ergibt sich die Möglichkeit, Termine und Zuständigkeiten einschließlich gebundener Ressourcen zu visualisieren, so dass Überschneidungen vermieden werden können. Die veränderte Arbeitsorganisation kann sich darüber hinaus auf die Arbeit in Selbstverantwortung und die Freiheitsgrade in der Entscheidungs- und Lösungsfindung beziehen:

> „Wir haben, um ein konkretes Beispiel zu nennen, wir haben mehrere Verbesserungsinitiativen in meiner Abteilung laufen. Jede Verbesserungsinitiative wird von einem Expeditionsleiter geleitet. Ich nenne das „Expedition", um dem Ding auch namentlich dranzuhängen,

dass das nicht unbedingt ein festes Ziel hat, was vorher schon fertig beschrieben ist, sondern die Expedition, die guckt, orientiert, findet Wege, Lösungen, implementiert Dinge, aber hat einen gewissen Freiheitsgrad auch in dem was sie als Ziel sich selber definiert. Und damit. Also die Expedition könnte heißen, guck mal, was sich an Verbesserungen in dem, und dem Gebiet auftut für uns. So die sind jetzt sehr erfolgreich gestartet, sehr selbstorganisiert, sehr begeistert. Jetzt habe ich mir die Frage gestellt, wie überwache ich jetzt, dass die Expedition allein auch gut unterwegs ist. Und gleich wieder Vorsicht, du bist wieder dabei, du baust über die Expedition eine Hierarchie drüber. Heißt für mich Regeltermin, heißt für mich Besprechung, für die Expeditionsleiter ein Reporting, will ich nicht. Und dann kam mir zugute, dass wir uns im Führungskräftekreis mit dem Thema Feedback geben beschäftigt haben. Hab´ ich gedacht, naja es wäre doch toll zwei Expeditionsleiter würden sich gegenseitig coachen, oder Feedback geben wie läuft es bei dir, wie läuft es bei mir, wo bist du gerade dran, mit welchen Voraussetzungen. Das haben wir jetzt implementiert. Wir sind gerade dabei das auszuräumen, das heißt das sind ungefähr zwölf Expeditionen, die werden sich in vier Gruppen gegenseitig coachen. Ist ja perfekt, Gruppenleiter nichts zu tun, Abteilungsleiter nichts zu tun, Mitarbeiter können auch auf Augenhöhe ihre Probleme anders austauschen, können sich Tipps geben. Natürlich muss ich das Vertrauen haben, dass sie das auch tun, dass da was Gutes bei rauskommt. Aber was ich erreichen wollte, dass die miteinander, dass die Expeditionen merken ich bin nicht alleine, ich bleib an dem Thema dran. Und das war jetzt ein Beispiel, das kann ich bei mir verändern, das verändert nachher auch dann die Kultur, weil plötzlich ein Berichtswesen stattfindet. Ich entwickle irgendetwas. Ich geh auf ein neues Thema und berichte einem Kollegen und der sagt mir, was er davon hält. Die brauchen keinen Chef?

Und da bin ich bei Eigenverantwortung, ich bin bei der sich selbst weiterentwickelnde Organisation und ich bin auch bei einer wahnsinnigen Entlastung der Führungsmannschaft, die ja automatisch immer vier oder fünf oder zehn Themen gleichzeitig hat. Und wenn die in jedes Thema tief reingeht, dann ist die einfach immer platt" (II-1, Z. 72ff.).

Als Fazit für die Darstellung der vorliegenden Kernkategorie kann festgehalten werden, dass die Etablierung einer nachhaltigen Entwicklung im Thema Achtsamkeit der Berücksichtigung der drei Handlungs- und Erfahrungsebenen *Selbst-, Beziehungs- und*

Prozessentwicklung bedarf. Als genereller Widerspruch ließ sich hier die Ebene des Selbst zum Sozialen identifizieren, der in den ambivalenten Haltungen gegenüber der *Ent-Privatisierung von Achtsamkeit* gesehen werden kann. Dabei erscheint jedoch gerade die Ent-Privatisierung als eine Form der *kollektiven Achtsamkeitspraxis als Schlüssel* für eine Etablierung des Themas. Das Einzelteil ist nicht ohne das Ganze denkbar, jedoch fühlt sich das Teil vom Ganzen manchmal in seinem Ich-Sein bedroht, weil es als fordernd und totalitär erlebt wird. Das Ganze wirkt so, als ob es

> „[...] gar keine Individualität mehr duldet und sich noch durch die geringste Autonomie eines ihrer Teile bedroht wähnt. Diese beiden extremen Positionen in der äußersten Peripherie erscheinen zwar grundverschieden, aber rufen sich stets das Gleiche zu: Beide fordern, in Ruhe gelassen zu werden, beide beanspruchen Vorherrschaft" (Engli 2007, S. 98).

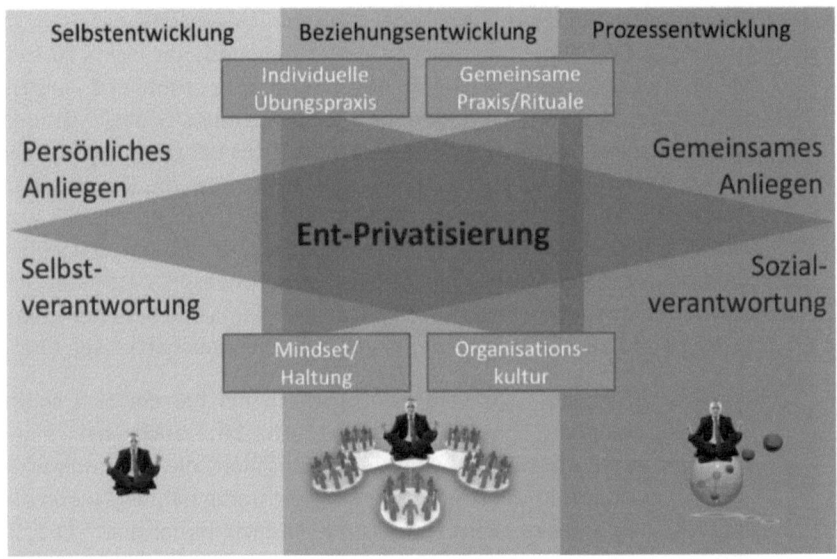

Abbildung 23: Achtsamkeit als Kulturaufgabe durch die Berücksichtigung von drei Handlungs- und Erfahrungsebenen

In dieser Deutung kann auch eine Interpretation dafür gefunden werden, warum die Teilnehmenden der Untersuchung eine

Achtsamkeit verkürzt als Gelassenheit interpretieren, die sich als körperliches Wohlgefühl bemerkbar macht. Die Interviews verweisen auf eine Tendenz, die die innere Entwicklung des Einzelnen und des Kollektivs zu vernachlässigen scheint und dafür den Imperativ ökonomischer Zwecke dominieren lässt. Die Ambivalenz der Ent-Privatisierung kann sich so gesehen auf den letzten Rest persönlicher Unabhängigkeit beziehen und gerade die fehlende Fürsprache als Ausdruck des Schutzes der „Ich-Landnahme" ökonomischer Provenienz gedeutet werden. Das Grundproblem menschlicher Existenz und damit der Erkenntnis-fähigkeit kann mit Steiner (2009, S. 33ff.) in seinem Wesen gesehen werden, die äußere Welt nicht nur zu erleben, sondern aus sich heraus „[...] zu der vorhandenen Welt noch eine, aus ihm entsprungene hinzuzufügen" (ebd.).

Problematisch wird für den Menschen dabei das Bestreben, diese beiden Welten zu harmonisieren, weil diese in ihrer Konstruiertheit als von außen eindringend und von innen hervorbringend als widersprüchlich erlebt werden. Der Mensch scheint dabei seiner eigenen Konstruiertheit nicht zu trauen, weshalb der Autor in seinem historischen Abriss der Philosophie immer wieder das Spannungsfeld darstellt, dass der Mensch „[...] seine Kräfte entfaltet, dass er für das Dasein und die Entfaltung dieser Kräfte in der Welt kämpft, dass er diese Kräfte aber lange nicht als seine eigenen anzuerkennen vermag" (ebd. S. 44). Das menschliche Ich scheint so gesehen eine Orientierung zu suchen. Fraglich ist in der Moderne bei dem propagierten Wegfall von Religion, Familiensystemen und Werten, aber auch dem Verlust von Vorbildern und klaren Rollenbildern, wie sich diese Orientierung zeigen kann und auswirkt (vgl. Kardoff 1985, S. 229ff.). Der moderne Mensch ist orientierungslos und braucht daher Orientierung. Wenn diese von außen nicht gegengeben ist, so kann er sich nur auf sein Innen beziehen. Ist sein Ausgangspunkt jedoch durch Verstrickungen verhaftet, wird der Einzelne im Leben

Schwierigkeiten haben, sich von diesen zu verabschieden und sein wahres Selbst zu erkennen und damit seine Wirksamkeit zu entfalten. Der moderne Mensch bleibt in seinem Ich gefangen, das sehnsüchtig nach außen schaut und sich selbst in seiner Rekonstellierung bestehender Muster (vgl. Arnold & Pätzold 2005, S. 201) immer wieder selbst enttäuscht.

Die Perspektive auf eine Selbstentwicklung kann insofern als zentrale Basis der Bemühungen um eine Achtsamkeit im Unternehmensalltag gedeutet werden, die aber nicht ohne die anderen Handlungs- und Erfahrungsebenen „behandelt" werden kann. Vielmehr besteht die zentrale Herausforderung einer nachhaltigen Entwicklung als Kulturaufgabe in der Frage, wie Achtsamkeit als ein individuelles Anliegen in einer individuellen Übungspraxis und Haltung zu einem gemeinsamen Anliegen werden kann, indem sie sich durch eine gemeinsame Übungspraxis und als wesentliche Facette der Organisationskultur manifestiert. Ein kritisches Augenmerk gilt es auf die Instrumentalisierung der Übungspraxis im Sinne der Anthropotechnik Sloterdijks (2009, S. 9ff.) zu legen, damit Achtsamkeit nicht nur zu einem Programm zur Leistungssteigerung degeneriert, sondern ein Beitrag geleistet werden kann, in den Organisationen eine nachhaltige Entwicklung zu einer lebenswerteren Kultur anzustoßen, bei der die Natur des Menschen zur Kulturaufgabe werden kann.

9.9 Fazit: Faktoren nachhaltiger Entwicklung von Organisationen

Als Kernproblem organisationalen Lernens für eine nachhaltige Entwicklung kann die Pfadabhängigkeit der strategischen und strukturellen Anpassungsfähigkeit von Organisationen gesehen werden. Wandel ist damit nicht beliebig, da Handlungsoptionen durch tradierte Entscheidungspfade festgelegt werden (vgl. Hasenmüller 2013, S. 129). Organisationen benötigen in diesem Sinne für eine Transformation die Fähigkeit, sich immer wieder

selbst zu thematisieren, aufmerksamkeitsökologisch die Wahrnehmung auf sich selbst zu lenken, sich nicht immer durch die
Komplexität der Organisationsumwelt fesseln und ablenken zu
lassen. Die Erkenntnisse aus der Analyse der Dialoginterviews
verweisen darauf, dass eine nachhaltige Entwicklung als Kultur der
Achtsamkeit die Aspekte einer individuellen Achtsamkeit mit einer
organisationalen Achtsamkeit verbinden müsste.

Konzeptionell lässt sich hier mit den Dialoginterviews eine
„Achtsamkeit in Organisationen" und eine „organisationale
Achtsamkeit" unterscheiden. Das Verständnis von *„Achtsamkeit in
Organisationen"* ist durch Kohls et al. (2013, 163ff.) durch den
Bezug zu den fernöstlichen Weisheitslehren und Meditations-
praktiken geprägt. Im Zentrum steht ein meditierendes Subjekt, das
den Alltag und jede Handlung meditativ erfährt und vollzieht. In
diesem Ansatz kommt ein eher operatives Verständnis von
Achtsamkeitspraxis zum Ausdruck, bei dem das Individuum zum
einen zurückgezogen als alltägliche Übungspraxis meditiert und
zum anderen als grundsätzliche Lebenshaltung Achtsamkeit in der
Begegnung mit der Welt praktiziert. Achtsamkeit kann so als eine
Form der „Selbstbildung durch Eigendrehung" (Arnold 2010c, S.
134) gedeutet werden, bei der es darum geht, mehr Bewusstheit im
Umgang mit sich selbst und der Umwelt zu erlangen.

Kritisch gilt es an dieser Stelle, auf die Grenzen des Konzeptes
„Achtsamkeit im Unternehmensalltag" hinzuweisen. Achtsamkeit
dient in den Interviews als eine Art „geplatztes Konstrukt", was sich
auf scheinbar zahllose Zusammenhänge anwenden lässt, die sich im
Unternehmensalltag zeigen, wie zum Beispiel achtsame Meetings
(V-1, Z. 34), achtsames E-Mailing (I-1, Z. 87) oder eine achtsame
Gesprächsführung (III-1, Z. 146ff.) u.a.m. Achtsamkeit als Konzept
erscheint hier als ein Phänomen, das mit Problemen des Alltags
gekoppelt wird und als Lösung für diese Probleme gesehen wird, die
im Wesentlichen als Informationsflut (V.2, Z. 69) und Multitasking-
Mode (III-1, Z. 35) beschrieben werden. In diesem Ansatz findet sich

mit Thompson & Jergus (2014, S. 15ff.) ein bildungstheoretisches Verständnis von „Bildung als Problemlösung". Achtsamkeit kann hier bildungstheoretisch als ein Lernprozess bezeichnet werden, der lediglich Ausschnitte des Selbst- und Weltverhältnisses adressiert, da sich Achtsamkeit nur auf bestimmte Fertigkeiten zu beziehen scheint (vgl. Nohl et al. 2015, S. 256).

Grundsätzlich erscheint der Kern dessen, was in der buddhistischen Tradition als Achtsamkeit bezeichnet wird, jedoch kaum durch die Interviewpartner wahrgenommen und angesprochen. In diesem Verständnis geht es um die Annahme, dass ein Ich-Empfinden eine Illusion sei und dass es so etwas wie einen „Allgemeinen Problemlöser" (vgl. Varela & Thompson 1992, S. 150), den wir für ein Ich halten, nicht existiert. Die Autoren begründen diese eher spirituelle Annahme kognitionswissenschaftlich und stellen heraus, dass das menschliche Bewusstsein lediglich ein Netz aus Agenturen und mentalen Prozessen ist. Im Sinne des biopsychosozialen Paradigmas erscheint dieses Bewusstsein als eine Programmierung, die verhaltens- und lerntheoretisch als Konditionierungen des Selbst angesehen werden kann (vgl. Resch & Westhoff 2006, S. 187).

Die Wahrnehmung der Unternehmenswelt in Kategorien wie Druck (III-1, Z. 119), Stress und Sehnsucht nach Bedeutung, Anerkennung (III-2, Z. 67) und Statussymbolen (IV-1, Z. 65), Selbstüberforderung oder Perfektionismus (III-2, Z. 93), lange Arbeitszeiten und der Wunsch die Dinge in den Griff zu bekommen (III-4, Z. 126), um an dieser Stelle nur einige Beispiele zu nennen, verweisen im Sinne der Konditionierungen auf einen Selbstbehauptungskampf, dessen Ursache in einem inszenierten Dualismus zwischen dem Ich-Allein-Sein-in-der-Welt und den Anderen gesehen werden kann. Entsprechend der vier edlen Wahrheiten des Buddhismus (vgl. Trungpa 2011, S. 163ff.) liegen die Ursachen des Leidens in der Einbildung des Getrenntseins von der Welt und im Ehrgeiz und dem Streben, sich selbst verbessern zu wollen. Der Irrglaube, etwas

Besonderes sein zu müssen, führt zu einem Bild der Unternehmen als Lebensumgebung, in der die Interviewten eigentlich nicht sein wollen, da diese Unternehmensumwelt angstbehaftet ist (IV-2, Z. 115).

Dieses Bild führt zudem zu einer selbsterfüllenden Prophezeiung, da aufgrund der eigenen Konditionierungen gar kein anderes Bild des Unternehmens gesehen werden kann als das, das die Interviewteilnehmer beschreiben. Eine Überwindung dieses Bildes erscheint im Sinne der vier edlen Wahrheiten nur durch Loslassen möglich: Das Loslassen des Ich wird als zentrales Ziel formuliert, weil dies eine Kampflosigkeit zur Folge haben kann, die durch die Interviewteilnehmer als so belastend erlebt wird. Dazu gehört es, sich in seinem Sein so anzunehmen, wie man gerade ist und auf Selbstoptimierung im Sinne eines Leistungs- und Konkurrenz-denkens zu verzichten. Achtsamkeit im Verständnis von „echter" nachhaltiger Entwicklung wäre hier geprägt von einer voll-kommenen Einfachheit. Einfachheit wird hierbei nicht als Verzicht beschrieben, sondern als eine lebendige Beziehung zum Leben und zum Alltag. Ein Beitrag zur Entwicklung von Achtsamkeit im Unternehmensalltag in dieser Zielperspektive kann in der Kombination einer Selbst- und Teamentwicklung (II-1, Z. 11; vgl. Abschn. 9.3 & 9.8) gesehen werden, in Fällen großen Leidens sicher auch in einer Kombination aus Achtsamkeit und Psychotherapie oder Körper- und Verhaltenstherapie (vgl. Huppertz 2009, S. 149ff.). Dies wäre bildungstheoretisch als eine „Negativität des Erfahrens" (Thompson & Jergus 2014, S. 15ff.) bedeutsam, da eine Trans-formation der Akteure innerhalb ihrer Lebensorientierungen in ihren zentralen Selbst- und Weltbezügen so möglich erscheint (vgl. Nohl et al. 2015, S. 256).

Das Konzept der „organisationalen Achtsamkeit" (vgl. Vogus & Sutcliffe 2012, 722; Weick & Sutcliffe 2006, 514) stellt demgegenüber zwar auch Bezüge zur individuellen Achtsamkeit her, bezieht sich aber wesentlich stärker auf eine westliche Perspektive. Der Hauptunterschied wird durch die Autoren darin gesehen, dass die westliche Perspektive eher einen Bezug zu Beobachtertheorien und der Fähigkeit herstellt, Kategorien wahrzunehmen und Unterscheidungen zu treffen, was sehr stark dem Aspekt von Achtsamkeit als Kulturaufgabe entspricht.

Die beiden konzeptionellen Verständnisse von Achtsamkeit lassen sich in Anlehnung an die Dialoginterviews als ein zirkuläres Wirkungsgefüge interpretieren. Da Menschen immer handeln, ist für eine organisationale Achtsamkeit die individuelle Achtsamkeit in Organisationen dafür unerlässlich. Achtsamkeit stellt sich, wie der Verweis auf die Handlungs- und Erfahrungsebenen mit der Bedeutung der Beziehungs- und Prozessebene zeigt, insgesamt als ein wichtiges Element für ein Lernen durch Veränderung dar, wobei die Forschungsergebnisse von Grothe & Fröbel (2011, S. 77) ebenso zeigen wie die vorliegenden Ergebnisse, dass dies mit dem Ziel einer Nachhaltigkeit eine Führungsaufgabe ist. Eine achtsame Führung, so kann in Anlehnung an Siegel (2007, S. 33ff.) geschlussfolgert werden, dient als Treiber, um eine Sensibilität gegenüber Routinen im Alltag zu fördern, die Kombinationen von Gegebenheiten zu ermöglichen und somit auch einen Umgang mit unerwarteten Ereignissen sicherzustellen.

Eine solche Achtsamkeit in Organisationen kann über die Legitimation durch die Führungskräfte, die die Aufmerksamkeit auf unsichere Situationen lenken, kontrafaktische Informationen einschließen und Klarheit in Bezug auf anschlussfähige Verhaltensweisen schaffen, die als sozialer Kontext den individuellen Wahrnehmungs- und Handlungsraum beeinflussen. Die Organisation mit einer organisationalen Achtsamkeit wird damit zum strategischen Bestimmungsstück, welches das Verhalten im Sinne einer nachhaltigen Entwicklung im Rahmen eines bildungstheoretischen Verständnisses von „Bildung als Problemlösung" und „Negativität von Erfahren" (vgl. Thompson & Jergus 2014, S. 15ff.) beeinflussen kann. Die Dialoginterviews verweisen dabei auf organisationale

Faktoren, bei denen ein enger Zusammenhang aus Strukturen, Prozessen, den institutionellen Bedingungen einer Unternehmens- und Lernkultur, aber besonders auch aus dem Selbst- und Welt- verhältnissen im Management und Führungsstil besteht (vgl. Senge 2006, S. 36).

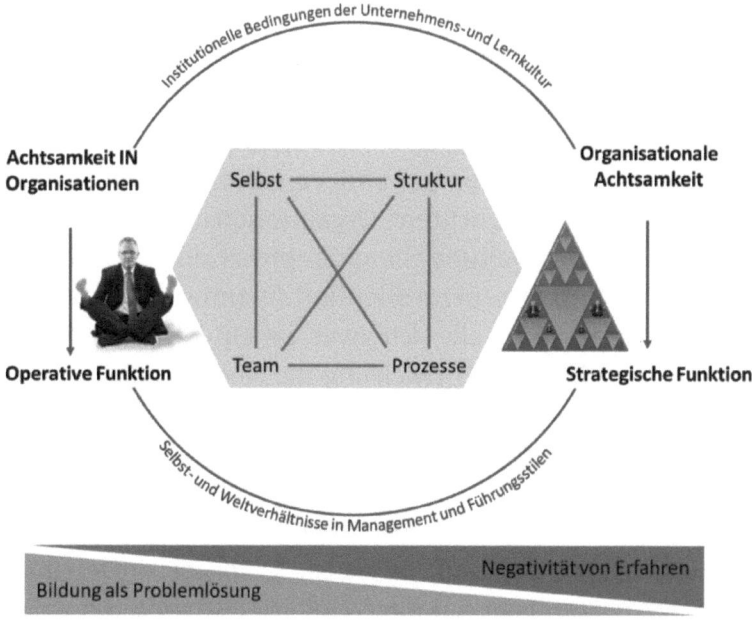

Abbildung 24: Faktoren des Begründungs-Prämissen-Zusammenhangs nachhaltiger Entwicklung von Organisationen

Im Sinne dieses Modells kann von einem Lernen dann gesprochen werden, wenn sich das Verhalten der Organisationsmitglieder auf der individuellen und sozialinteraktiven Ebene aufgrund eines veränderten Handlungswissens verändert. Verändert sich die „organizational capability" (Gminder 2006, S. 459), indem sich durch eine systemweite Durchdringung nachhaltigkeitsbezogener Verhaltensweisen die Umweltwirksamkeit erhöht, so wird hier auch von einem Organisationslernen gesprochen. Der Einsatz von Managementsystemen selbst kann vor diesem Hintergrund zwar zu einem organisationalen Wandel führen, indem beispielsweise

149

Umstrukturierungen, Investitionen und Markterschließungen mit neuen Produkten stattfinden, jedoch findet in diesem Fall auf der Verhaltensebene nicht zwingend ein Organisationslernen statt. Dies kann damit begründet werden, dass auf der mikropolitischen Ebene diese Veränderungen unterstützt oder blockiert werden können und ein symbolisches Management allein noch keine Lernprozesse initiiert.

Dies bedeutet nun nicht, dass ein symbolisches Management und die Entwicklung von Symbolsystemen bedeutungslos sind, sondern dass sich kollektive Handlungs- und Verhaltensweisen verändern müssen, um von einem „echten" Organisationslernen sprechen zu können. D.h., die Bearbeitung chemisch-physikalischer Probleme in Stoffströmen bei den strukturorientierten Umwelt- und Energiemanagementsystemen stellt sich zwar als ein wichtiger Fokus im Bereich der nachhaltigen Entwicklung dar, jedoch spielen für eine unternehmerische Nachhaltigkeit die beziehungs- und prozessorientierten Sozialbereiche als zentrales mikropolitisches Handlungsfeld eine wichtige Rolle, wenn Nachhaltigkeit zur Überwindung des Dualismus von Kultur und Natur tatsächlich als Kulturaufgabe gefasst werden soll, da sie „[...] bei der Umsetzung der Nachhaltigkeitsstrategien [...] ganz einfach Bestandteil des Unternehmensalltags sind" (ebd. S. 463).

10 Walk-the-Talk: Roadmap für Achtsamkeit im Unternehmensalltag

> „Also zu Beginn, als das Thema Achtsamkeit aufkam, da hatte ich Bilder im Kopf wie Meditation, In-sich-versunken-sein, dasitzen, vielleicht auch so etwas wie Entspannung, in der Art. Also um das mal so schlagwortartig zu nennen. Ich dachte mir es ist eine Art von Entspannungsprogramm, so in dieser Hinsicht. Was mir dann aber relativ schnell begegnet ist, dass Achtsamkeit mehr ist. Es begegnet mir hier bei allem was ich tue, wie ich es tue und mit wem ich tue." (I 1, Zeile 17)

Die größte Herausforderung für eine achtsamkeitsorientierte Unternehmensentwicklung besteht im „Walk the Talk" (V2, Zeile 199). Für einen Transfer der Inhalte aus dem Achtsamkeitstraining zeichnen sich in den Interviews mit den verschiedenen Unternehmen und Gesprächspartnern sehr unterschiedliche Ansätze ab. Die systematische Auswertung der Interviews ermöglicht eine Zusammenfassung der Ergebnisse, die als eine *„Roadmap für Achtsamkeit"* gelesen werden kann und organisationales Handeln für einen Mindful-Turn ermöglicht. In dem präsentierten Modell werden Ansatzpunkte für die Entwicklung von Koordinations- und Interaktionsstrukturen aufgezeigt und damit fundamentale Grundprozesse des sozialen Werdens von Achtsamkeit als Teil der unternehmerischen Praxis skizziert (vgl. Scharmer 2009, S. 301).

Die Gesprächspartner aus den Interviews verdeutlichen dabei, dass sich das Thema Achtsamkeit auf fünf verschiedenen Wahrnehmungs- und Handlungsebenen (vgl. Abschn. 9.2) ansiedeln lässt. Um diese verschiedenen Ebenen im Rahmen des Projektes Achtsamkeit im Unternehmensalltag adressieren zu können, zeichnet sich eine Vorgehensweise ab, die zunächst aus Gründen der Darstellbarkeit aus drei aufeinander folgenden Phasen besteht (Gesamtübersicht Anhang 13.2). Die unternehmerische Praxis zeigt jedoch, dass die Entscheidungen und Handlungen in den einzelnen Phasen zirkulär angelegt sind und aufeinander verweisen:

- Phase Boarding
- Phase Take-Off
- Phase Flight

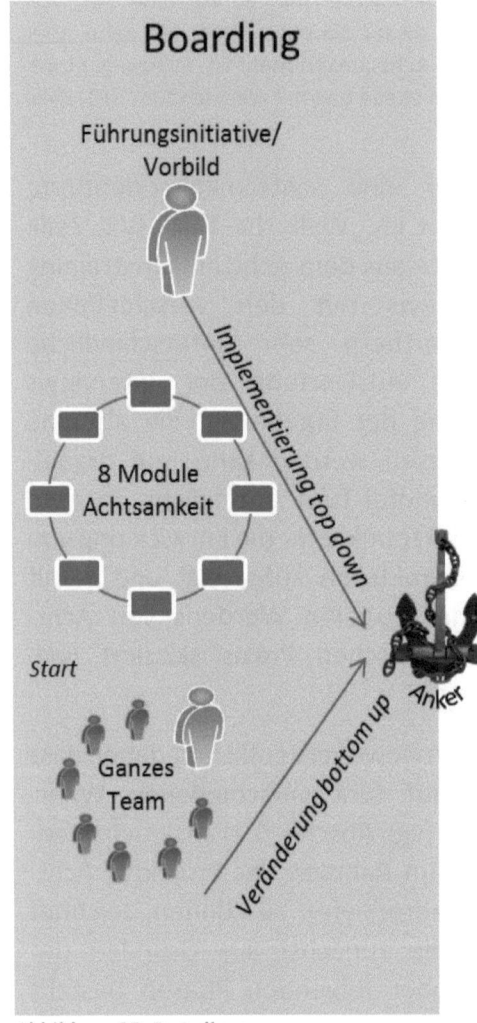

Abbildung 25: Boarding

10.1 Boarding: Der erste Schritt zur Achtsamkeit

„Ich glaube das aller wichtigste, und die Nummer eins ist das Persönliche, das Eigene. Also erst mal geht es darum, dass wovon ich überzeugt bin selber wirklich auch zu machen. Und wenn ich das Gefühl habe, meine Abteilung macht da nicht genug mit, dann muss ich mich Fragen, mache ich selber denn schon genug vor. Dazu zählt auch, dass die Führungsmannschaft erkannt hat, dass es wichtig ist, dass Mitarbeiter ein gewisses Mindset haben und dass es in ihrer Verantwortung liegt, dieses zu fördern (...)" (II 1, Zeile 54).

Der erste Schritt zur Achtsamkeit für ein Unternehmen wird in der Rolle der Führungskräfte gesehen. Die Führungskräfte sind in aller Regel die Türöffner, um das Thema Achtsamkeit im Unternehmen top-down zu platzieren und Maßnahmen zur Implementierung zu ermöglichen. Als entscheidender Ausgangspunkt wurde durch die beteiligten Unternehmen die Teilnahme am Achtsamkeitstraining beschrieben. Dabei stellten sich zwei Vorgehensweisen als zweckmäßig für die Implementierung des Themas im Unternehmen dar:

1. Ein Team mit Mitarbeitern und Führungskräften nimmt am Training geschlossen teil und setzt später gemeinsam entsprechende themenbezogene Veränderungsbedarfe um.

2. Die Führungsmannschaft eines Bereiches nimmt am Training teil und fungiert als Multiplikator für das Thema Achtsamkeit im eigenen Verantwortungsbereich.

Als unzweckmäßig hat sich eine Trainingsteilnahme nach dem Gießkannenprinzip erwiesen, weil hier später durch die Verinselung der Mitarbeiter und Führungskräfte Transferbemühungen nicht zu Stande kommen oder ins Leere laufen.

Über die Interviews hinweg besteht Einigkeit dahingehend, dass sogenannte *Anker* für den Alltag ein Element für achtsames Handeln sind. Anker dienen der individuellen und gemeinsamen Erinnerung, um sich der eigenen Gewohnheiten und denen gegenüberstehendem erwünschten Verhalten bewusst zu werden. Zu solchen Ankern gehören zum Beispiel themenbezogene Postkarten, gestaltete „Stolpersteine", Erinnerungsbriefe, Outlook-Reminder oder auch eine regelmäßige gemeinsame Achtsamkeitspraxis wie zum Beispiel die Check-In-Meditation vor einer Besprechung.

10.2 Take-Off: Achtsamkeit braucht eine gemeinsam geteilte Kultur

> „(…) dass sich die Kultur verändert, achtsame Organisation die lebt ja dann aus sich heraus. Dann darf das nicht mehr an Personen hängen, dann muss das verankert sein." (II 2, Zeile 86)

Die wirkliche Startphase für die Etablierung von Achtsamkeit im Unternehmen beginnt dort, wo sich Führungskräfte und Mitarbeiter gemeinsam über ihre Arbeitspraxis austauschen. Achtsamkeit, so kann als Fazit formuliert werden, braucht *gemeinsame Lern- und Handlungsräume.* Achtsamkeit als Seminarthema stellt sich zwar als einen Ausgangspunkt für Unternehmen dar, jedoch wird mit Blick auf die verschiedenen Wahrnehmungs- und Handlungsebenen deutlich, dass eine Achtsamkeit im Unternehmensalltag immer auch mit

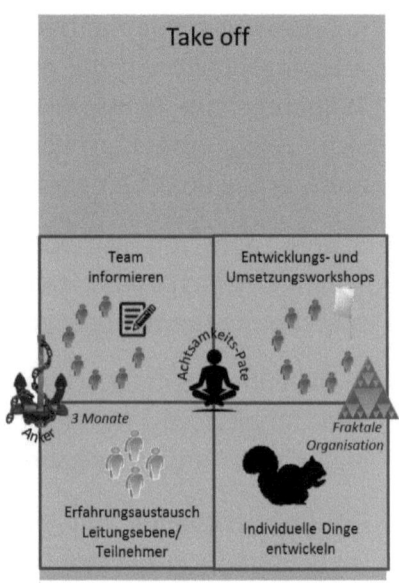

Abbildung 26: Take off

Fragen der Teamentwicklung und Prozessgestaltung zusammenhängt. In den Interviews wird darauf verwiesen, dass sowohl der Erfahrungsaustausch der Führungskräfte und Mitarbeiter als auch die Informationen der Mitarbeiter, die nicht am Training teilnehmen konnten, wertvoll sind. Achtsamkeit als Thema braucht darüber hinaus aufgrund vielfältigster Vorurteile eine „Entzauberung" um für ein unternehmensbezogenes Verständnis und Akzeptanz zu werben, denn Achtsamkeit ist nicht allein Meditation, sondern Alltagspraxis bei allen Aktivitäten.

Dabei wurde auch deutlich, dass mit der Information und dem Erfahrungsaustausch vielfältige Themen auf den Ebenen des Mindsets (z.B. Selbstführung, Zeitmanagement), der Teams (z.B. Regeln, Normen, Konventionen), der Prozesse (z.B. Ablage, unternehmensweiter Meetingzeitplan, Umgang mit Kundenanforderungen) und der Unternehmensentwicklung (z.B. Change von Kostenorientierung zu Wertorientierung) aufbrechen. Diese gilt es in themenbezogenen Entwicklungs- und Umsetzungsworkshops zu adressieren und zu gestalten.

Die Etablierung eines *Achtsamkeits-Paten* hat sich ebenfalls als wertvoll erwiesen. Dies kann auf Team-Ebene ein Mitarbeiter sein oder auf Unternehmens-Ebene eine Abteilung bzw. ein Team, welches sich sowohl strategisch als auch operativ dem Thema der Organisations- und Personalentwicklung widmet. Die Aufgabe eines Achtsamkeits-Paten besteht in mindestens folgenden Aspekten:

- wachhalten des Themas durch Aufmerksamkeitslenkung
- achten auf Einhaltung abgestimmter Vereinbarungen und Verhaltensregelungen
- Prozesstreiber und –unterstützer für anstehende Ent-wicklungsbedarfe
- Analyse der Entwicklungsermöglicher und –barrieren

Als zentrale Einsicht zeigt sich bei den interviewten Führungskräften, dass es das Thema Achtsamkeit in einem bestimmten Unternehmen „nicht gibt". So wird immer wieder deutlich, dass ein Unternehmen als *fraktale Organisation* zu denken ist, da die Umsetzung von Achtsamkeit immer von den individuellen Akteuren abhängig ist. Bestehen auch in der Organisation Strategien für einen achtsamen Unternehmensalltag, so zeigt sich doch, dass die Umsetzung in der individuellen Verantwortung der Führungskräfte auf ihrer jeweiligen Führungsebene liegt. Als Hauptkritikpunkt wurde angeführt, dass zum einen nicht alle Führungskräfte und/oder Mitarbeiter am Achtsamkeitstraining teilgenommen haben und dass zum anderen die Bereitschaft zur Umsetzung sehr verschieden ist und auch der Wille der obersten Unternehmensführung nicht zwingend zu einer veränderten Verhaltensweise auf der Abteilungs- oder Teamebene führt. Es gibt nicht „das" Unternehmen, sondern nur Menschen, die in ihrer Arbeit gemeinsam einen Weg gehen, um ein gemeinsames Ziel zu erreichen.

10.3 Flight: Achtsamkeit im Unternehmensalltag braucht eine klare Strategie

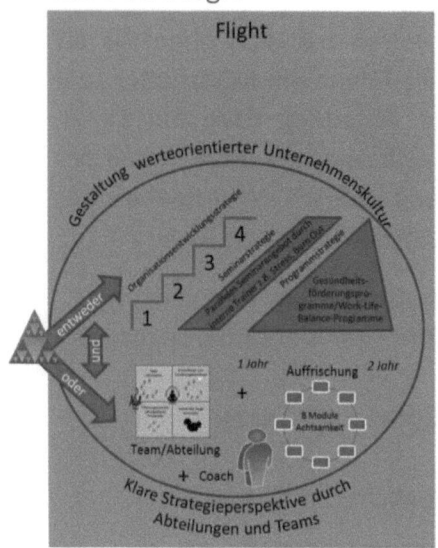

Abbildung 27: Flight

„(...) aber da mag mich meine Erinnerung täuschen. Das Thema Achtsamkeit ist mit losgetreten worden auf einem Programm, welches bei uns heißt [Balance at Work, Anonymisierung des Verfassers]. [Balance at Work] das kann halt alles Mögliche sein. Das ist wirklich ein Programmrahmen unter dem verschiedene Initiativen zum Teil auch vor Ort Initiativen gestartet werden. Jetzt ist [Unternehmensname] ja ein relativ großer Konzern mit unterschiedlichsten Standorten und ich habe unseren Vorstandsvorsitzenden selber mal in einem Besuch der leitenden Angestellten sagen hören, dieses [Balance at Work] sei ihm ein bisschen dubios, weil das könnte ja alles und nichts sein. Da würde ihm ein bisschen die Struktur fehlen. Irgendwo wird eine Turnhalle gebaut, irgendwo anders wird ein Zumba Kurs organisiert und so fallen wir da halt auch mit drunter." (V 2, Zeile 129)

Die Annahme einer fraktalen Organisation führt in zwei grundsätzliche Vorgehensweisen, um die Nachhaltigkeit des Achtsamkeitstrainings und die Entwicklung einer achtsamen Unternehmung strategisch und systematisch sicherzustellen:

1. Auf Ebene des Unternehmens steht der Wunsch nach und die Gestaltung einer wertorientierten Unternehmenskultur im Mittelpunkt. Bei dieser Gestaltung wird der Mensch als wesentlicher Wertschöpfungsfaktor und als zentrales Gut unternehmerischen Handelns angesehen. Die beteiligten Unternehmen verfolgen hier drei Ansätze nachhaltiger Entwicklung. In den Gesprächen wurde dazu verdeutlicht, dass insbesondere das Zusammenspiel der folgenden drei Strategieansätze am erfolgversprechendsten erscheint, da eine singuläre Strategie zu viele Aspekte unternehmerischen Handelns vernachlässigt.

a) Eine Organisationsentwicklungsstrategie nach einem Stufenmodell, welche die Selbstentwicklung, die Teamentwicklung, die Schnittstellenentwicklung und die Unternehmensentwicklung systematisch und schrittweise von unten nach oben aufeinander bezieht.

b) Eine Seminarstrategie, die vielfältige Angebote für Mitarbeiter bereithält, um sich mit achtsamkeitsbezogenen Inhalten auseinanderzusetzen. Die Einbindung der Führungskräfte zur Transfersicherung wird hier als wichtig erachtet.

c) Eine Programmstrategie, bei der entsprechend gesellschaftlicher Trends Gesundheitsförderungsprogramme oder Work-Life-Balance-Programme als unternehmensweite Angebote entwickelt und etabliert werden.

2. Alternativ oder in Ergänzung dieser Vorgehensweisen wird eine klare Strategieperspektive auf Ebene der Teams und Abteilungen formuliert. Hier wird eindeutig durch die Interviewpartner für die Eigeninitiative der Führungskräfte und Teams plädiert. Bei dieser Vorgehensweise geht es zum einen um die intensivierte und systematisch vorangetriebene Umsetzungsgestaltung aus der Phase Take-Off und zum anderen um die Transfersicherung des Gelernten aus dem Achtsamkeitstraining durch eine mögliche Prozessbegleitung (z.B. Achtsamkeitscoach) oder inhaltlichen Auffrischung der einzelnen Module ca. ein bis zwei Jahre nach Abschluss der Trainingsmaßnahme.

10.4 Fazit: Führungskräfte als Legitimationsexperten

Achtsamkeit im Unternehmensalltag kann als ein Lernprozess verstanden werden, der ein individuelles Lernen mit einem organisationalen Lernen verbindet. Entsprechend der Roadmap für Achtsamkeit stellt sich dieser Lernprozess als ein „Schnittstellenproblem" zwischen den verschiedenen Akteuren und auch Funktionsbereichen in einem Unternehmen dar. Dieses Problem ist daher durch die Führungskräfte zu lösen. Führungskräfte können hier als maßgebliche Legitimationsexperten für eine nachhaltige innerbetriebliche Entwicklung angesehen werden (vgl. Süß 2009, S. 187ff.). Das Lernen von Achtsamkeit durch individuelle wie organisationale Akteure ist dabei nur in Bezug auf bereits ausgebildete Strukturen und Institutionen möglich. Eine Veränderung zu mehr Achtsamkeit

> „(...) hängt davon ab, ob und wie es (...) gelingt, vertraute Wege der Deutung, Interpretation und Problemlösung zu >>bemerken<< und Unterschiedliches zu erproben. (...) Ein nachhaltiges Lernen benötigt deshalb den besonnenen Umgang mit Strukturen – eigenen und solchen, die in den Inhalten (...), mit denen sich die Lernenden auseinandersetzen, zutage treten." (Arnold 2012, S. 176).

11 Literaturverzeichnis

Allen, D. (2003): Ready for anything: 52 productivity principles for getting things done. London: Penguin.

Altner, N. (2013): Lebensstilgestaltung und Unternehmenskultur. Naturheilkundliche und Mind-Body-Medizinische Ansätze in der betrieblichen Gesundheitsförderung. In: CoMed Fachmagazin für Complementärmedizin, Jg. 19, H. 4, S. 34-36.

Armstrong, D. (2004): Emotions in organizations: disturbance or intelligence. In: Huffington, C. & Armstrong, D. (Hrsg): Working Below the Surface: The Emotional Life of Contemporary Organisations (illustrated edition). London: Karnac Books, S. 11-30.

Arnold, R. & Pätzold, H. (2005): Die Systemik der Kompetenzentwicklung. In: Dewe, B./Wiesner, G. & Zeuner, C. (Hrsg.): Theoretische Grundlagen und Perspekiven der Erwachsenenbildung. Literatur- und Forschungsreport Weiterbildung, Jg. 28, Report 1/2005, S. 201-207.

Arnold, R. (2008): Führen mit Gefühl. Wiesbaden: Gabler.

Arnold, R. (2009): Seit wann haben Sie das? Grundlinien eines Emotionalen Konstruktivismus. Heidelberg: Carl-Auer-Systeme Verlag.

Arnold, R. (2010a): Die Erwachsenenbildung als <<Regierung des Selbst>>. Anmerkungen zur Foucault-Euphorie in der Erwachsenenpädagogik. In: Klingovsky, U./Kossak, P. & Wrana, D. (Hrsg.): Die Sorge um das Lernen. Festschrift für Hermann J. Forneck. Bern: hep Verlag, S. 72-84.

Arnold, R. (2010b): Schulleitung als Personalentwickler. In: Rolff, H.-G. (Hrsg.): Führung, Steuerung, Management. Seelze: Kallmeyer Verlag, S. 81-98.

Arnold, R. (2010c): Selbstbildung oder: Wer kann ich werden und wenn ja wie? Baltmannsweiler: Schneider-Verl.

Hohengehren.Arnold, R. (2012): Wie man lehrt, ohne zu belehren : 29 Regeln für eine kluge Lehre; das LENA-Modell. Heidelberg: Carl Auer Verlag.

Arnold, R. (2014): Leadership by Personality. Wiesbaden: Springer Fachmedien Verlag.

Baecker, D. (1999): Organisation als System: Aufsätze. Frankfurt am Main: Suhrkamp.

Baus, L. (2015): Selbstmanagement: Die Arbeit ist ein ewiger Fluss. Wiesbaden: Springer Fachmedien Verlag.

Becke, G. (2008): Soziale Erwartungsstrukturen in Unternehmen: zur psychosozialen Dynamik von Gegenseitigkeit im Organisationswandel. Berlin: edition sigma.

Becke, G. (2009): Das Konzept nachhaltiger Arbeitsqualität - Grundlage für eine gesundheitsförderliche Gestaltung der Erwerbsarbeit in der Wissensökonomie. In: Becke, G./Bleses, P & Schmidt, S. (Hrsg.): Nachhaltige Arbeitsqualität: eine Perspektive für die Gesundheitsförderung in der Wissensökonomie. Bremen: artec-paper 158, S. 9-23.

Becke, G. (2011): Organisationale Achtsamkeit als Gestaltungskonzept für adaptive Vertrauenskulturen. In: Becke, G./Behrens, M./Bleses, P. Evers, J. & Hafkesbrink, J. (Hrsg.): Organisationale Achtsamkeit in betrieblichen Veränderungsprozessen – Zentrale Voraussetzung für innovationsfähige Vertrauenskulturen. Bremen: artec-paper 175, S. 15 – 120

Becke, G. (2011): Organisationale Achtsamkeit als Gestaltungskonzept für adaptive Vertrauenskulturen. In: Becke, G./Behrens, M./Bleses, P. Evers, J. & Hafkesbrink, J. (Hrsg.):

Organisationale Achtsamkeit in betrieblichenVeränderungsprozessen – Zentrale Voraussetzung für innovationsfähige Vertrauenskulturen. Bremen: artec-paper 175, S. 15 – 120

Becke, G./Meschkutat, B. & Weddige, P. (2001): Umweltmanagementsysteme: Hemmschuh oder Auslöser für sozial-ökologische Lernprozesse in Kleinunternehmen der Bauwirtschaft. In: Arbeit, Jg. 10, H. 1, S. 63-77.

Becker, E. (2006): Soziale Ökologie - Konstitution und Kontext. In: Becker, E. & Jahn, T. (Hrsg.): Soziale Ökologie : Grundzüge einer Wissenschaft von den gesellschaftlichen Naturverhältnissen. Frankfurt [u.a.]: Campus Verl., S. 29-89.

Beckmann, M./Krohns, H.-C. & Schneewind, K.A. (1982): Ökologische Belastungsfaktoren, Persönlichkeitvariablen und Erziehungsstil als Determinanten sozialer Scheu bei Kindern. In: Vaskovics, L.A. (Hrsg.): Umweltbedingungen familialer Sozialisation. Beträge zur sozialökologischen Sozialisationsforschung. Stuttgart: Ferdinand Enke Verlag, S. 143-167.

Bertram, H. (1982): Von der schichtspezifischen zur sozialökologischen Sozialisationsforschung. In: Vaskovics, L.A. (Hrsg.): Umweltbedingungen familialer Sozialisation. Beiträge zur sozialökologischen Sozialisationsforschung. Stuttgart: Ferdinand Enke Verlag, S. 25-54.

Beschorner, T./Behrens, T./Hoffmann, E./Lindenthal, A./Hage, M./Thierfelder, B. & Siebenhühner, B. (2005): Institutionalisierung von Nachhaltigkeit. Eine vergleichende Untersuchung der organisationalen Bedürfnisfelder Bauen & Wohnen, Mobilität und Information & Kommunikation. Marburg: Metropolis Verlag.

BLK (1998): Blldung für eine nachhaltige Entwicklung – Orientierungsrahmen. Heft 69; Bund-Länder-Kommission für

Bildungsplanung und Forschungsförderung (BLK), Bonn. Erreichbar unter: http://www.blk-bonn.de/papers/heft69.pdf, Stand: 14.10.2012.

BLK (1999): Bildung für eine nachhaltige Entwicklung – Gutachten zum Programm von Gerhard de Haan und Dorothee Harenberg. Heft 72; Bund-Länder-Kommission für Bildungsplanung und Forschungsförderung (BLK), Bonn. Erreichbar unter: http://www.blk-bonn.de/papers/heft72.pdf, Stand: 14.10.12.

Böckler, A., Knoblich, G. & Sebanz, N. (2010): Socializing Cognition. In: Glatzeder, B. M., Goel, V. & Müller, Albrecht von (Hrsg.): Towards a theory of thinking: building blocks for a conceptual framework. Berlin: Springer, S. 233-250.

Boff, L. (2011): Was uns die Richtung weist: Nachhaltigkeit und Achtsamkeit. Erreichbar unter: https://traductina.wordpress.com/2011/06/23/was-uns-die-richtung-weist-nachhaltigkeit-und-achtsamkeit-2/, Stand: 12.03.2014.

Böhle, F. (2009): Der Mensch als geistiges und praktisches Wesen. Verborgene Seiten intelligenten Handelns. In: Vossenkuhl, W./Borasio, G. D./Grothe, B./Graf, F.W./Hilpert, K./Nassehi, A./Sellmaier, S. & Schroth, U. (Hrsg.): Ecce Homo! : Menschenbild - Menschenbilder. Stuttgart: Kohlhammer, S. 161-182.

Bohnsack, R. (1999): Rekonstruktive Sozialforschung. Einführung und Methodologie qualitativer Forschung. 3. Auflage, Opladen: Leske und Budrich.

Bollweg, P. (2008): Lernen zwischen Formalität und Informalität: Zur Deformalisierung von Bildung. Wiesbaden: VS Verlag.

Bolscho, D. (2010): Umweltkommunikation und Erziehung. In: Büscher, C. & Japp, K.P. (2010): Ökologische Aufklärung: 25 Jahre

„Ökologische Kommunikation". Wiesbaden: VS Verlag für Sozialwissenschaften, S. 203-228.

Bonney, H. (2011): Die andere Seite der Aufmerksamkeit. In: Bonney, H. (Hrsg.): Neurobiologie für den therapeutischen Alltag: auf den Spuren Gerald Hüthers. Göttingen: Vandenhoeck & Ruprecht, S. 42 – 58.

Brand, U. & Wissen, M. (2011): Die Regulation der ökologischen Krise. Theorie und Empirie der Transformation gesellschaftlicher Naturverhältnisse. In: ÖZS, Jg. 36, H. 2, S. 12–34.

Bronfenbrenner, U. (1981): Die Ökologie der menschlichen Entwicklung. Natürliche und geplante Experimente. Stuttgart: Klett-Cotta.

Brunsson, N. (2007): The consequences of decision-making. Oxford: Oxford Univ. Press.

Buchmann, F. (2009): Schulentwicklung verstehen. Die soziale Konstruktion des Wandels. Waxmann Verlag, Münster.

Bullinger, H.-J. & Stiefel, K.-P. (1997): Unternehmungskultur und Implementierungsstrategien. In: Nippa, M. & Scharfenberg, H. (Hrsg.): Implementierungsmanagement. Über die Kunst, Reengineeringkonzepte erfolgreich umzusetzen. Wiesbaden: Springer Fachmedien Verlag, S. 133–154.

Büntig, W. (2010): Vorwort. In: Lowen, A. (2010): Bioenergetik für Jeden: das vollständige Übungshandbuch, 15. Auflage, München: Kirchheim, S. I-IV.

Childre, D. L. & Rozman, D. (2006): Stressfrei mit Herzintelligenz: gelassen und voller Energie in 5 Schritten. Kirchzarten bei Freiburg: VAK.

Ciompi, L. (1982): Affektlogik: über die Struktur der Psyche und ihre Entwicklung; ein Beitrag zur Schizophrenieforschung. Stuttgart: Klett-Cotta.

Corssen, J. (2004): Der Selbst-Entwickler: Das Corssen Seminar. Wiesbaden: Beust Verlag.

Cranton, P. & Taylor, E.W. (2012): Transformative Learning Theory. Seeking a More Unified Theory. In: Taylor, E. W. & Cranton, P. (Hrsg.): The handbook of transformative learning: theory, research, and practice. Hoboken, N.J.: Wiley, S. 3–20.

Dammann, D. G. (2009): Narzissmus und Führung. In: Eurich, J. & Brink, A. (Hrsg.): Leadership in sozialen Organisationen. Wiesbaden: VS Verlag für Sozialwissenschaften. S. 61–89.

de Haan, G. (2008): Gestaltungskompetenz als Kompetenzkonzept der Bildung für nachhaltige Entwicklung. In: Bormann, I. & de Haan, G. (Hrsg.): Kompetenzen der Bildung für nachhaltige Entwicklung. Operationalisierung, Messung, Rahmenbedingungen, Befunde. Wiesbaden: VS Verlag, S. 23–44.

Dierkes, M. (1988): Unternehmenskultur und Unternehmensführung: Konzeptionelle Ansätze und gesicherte Erkenntnisse. WZB Discussion Paper, No. FS II 88-103, Erreichbar unter: https://www.econstor.eu/dspace/bitstream/10419/77633/1/7318 41379.pdf, Stand: 12.03.2015.

Dietz, K.M. (2008): Jeder Mensch ein Unternehmer. Grundzüge einer dialogischen Kultur. Karlsruhe: Universitätsverlag Karlsruhe.

Dippelhofer-Stiem, B. (1995): Sozialisation in ökologischer Perspektive. Eine Standortbestimmung am Beispiel der frühen Kindheit. Opladen: Westdeutscher Verlag.

Duss, D. (2016): Storytelling in Beratung und Führung. Theorie. Praxis. Geschichten. Wiesbaden: Springer Fachmedienverlag.

Ehrenberg, A. (2008): Das erschöpfte Selbst. Depression und Gesellschaft in der Gegenwart. Frankfurt a.M.: Suhrkamp.

Engel, G. (2009): Führen in der lernenden Organisation Schule – Chancen systemischen Denkens und Handelns für Schulleiterinnen und Schulleiter. In: systhema, Jg. 23, H. 3, S. 278–292.

Engli, G. (2007): Navigationskarten der Achtsamkeit – Achtsamkeit in Zeiten der Krise. In: Anderssen-Reuster, U. (Hrsg.): Achtsamkeit in Psychotherapie und Psychosomatik: Haltung und Methode. Stuttgart: Schattauer Verlag. S. 93-112.

Fassbender, P. (2006): Pathologien der Führung. In: Becker, L. / Ehrhardt, J. & Walter, C. (Hrsg.): Führungskonzepte und Führungskompetenz. Düsseldorf: Symposion Publishing, S. 1–12.

Finke, P. (2005): Die Ökologie des Wissens. Exkursionen in eine gefährdete Landschaft. Freiburg: Verlag Karl Alber.

Fischer-Kowalski, M/Mayer, A. & Schaffartzik, A. (2011): Zur sozialmetabolischen Transformation von Gesellschaft und Soziologie. In: Groß, M. (Hrsg.): Handbuch Umweltsoziologie. Wiesbaden: VS Verlag, S. 97-120.

Flick, U. (1995): Qualitative Forschung. Theorie, Methoden, Anwendung in Psychologie und Sozialwissenschaften. Rowohlt Verlag, Reinbeck.

Fuchs, P. (1994): Der Mensch – das Medium der Gesellschaft. In: Fuchs, P. & Göbel A. (Hrsg.): Der Mensch – das Medium der Gesellschaft. Frankfurt a.M.: Suhrkamp Verlag, S. 15–39.

Gaßner, R. & Steinmüller, K. (2006): Narrative normative Szenarien in der Praxis. In: Wilms, F. E. (Hrsg.): Szenariotechnik: vom Umgang mit der Zukunft. Bern: Haupt, S. 133-144.

Gieseke, W. (2001): Einführungsvortrag: Professionalität und Lernkulturen. In: Heuer, U./Botzat, T. & Meisel, K. (Hrsg.): Neue

Lehr- und Lernkulturen in der Weiterbildung. Bielefeld: wbv, S. 77–88.

Gminder, C.U. (2006): Organisationsaufstellungen - eine methodische Innovation zur Umsetzung von Nachhaltigkeitsstrategien In: Pfriem, R./Antes, R./Fichter, K./Müller, M./Paech, N./Seuring, S. & Siebenhüner, B. (Hrsg.): Innovationen für eine nachhaltige Entwicklung. Wiesbaden: Dt. Universitätsverlag. S. 451-468.

Gottwald, F.-T. (1995): Einleitung: Geschichte der Tiefenökologie. In: Gottwald, F.-T. & Klepsch, A. (Hrsg.): Tiefenökologie. Wie wir in Zukunft leben wollen. München: Eugen Diederichs Verlag, S. 17-24.

Groddeck, V. von (2011): Organisation und Werte: Formen, Funktionen, Folgen. Wiesbaden: Springer-Verlag.

Groten, H. B. (2007): Change Management - Worauf es wirklich ankommt. In: Keuper, F. & Groten, H. (Hrsg.): Nachhaltiges Change Management. Wiesbaden: Gabler, S. 357-379.

Grothe, A. & Fröbel, An (2009): Kona – Kompetenzentwicklung für nachhaltiges Handeln. Entwicklung von beruflichen Qualifizierungsinstrumenten im Kompetenzfeld Nachhaltigkeit. Erreichbar unter: http://www.hwr-berlin.de/fileadmin/downloads_internet/Forschung/Kona_Abschl ussbericht.pdf, Stand: 30.04.2012.

Gruber, E. (2011): Lernen für Gesundheit in Bildungseinrichtungen. In: Krajic, K. (Hrsg.): Lernen für Gesundheit. Tagungsband der 13. Wissenschaftlichen Tagung der Österreichischen Gesellschaft für Public Health. Linz: OÖ Gebietskrankenkasse, S. 35–46.

Grunwald, A. (2010): Die Ökologie der Individuen. Erwartungen an individuelles Umwelthandeln. In: Büscher, C. & Japp, K.P. (2010):

Ökologische Aufklärung: 25 Jahre „Ökologische Kommunikation". Wiesbaden: VS Verlag für Sozialwissenschaften, S. 229-257.

Haag, D. & Matschonat, G. (2002): Zur Abgrenzung ökologischer Wissenschaft und ihrer Gegenstände In: Lotz, A. & Gnädinger, J. (Hrsg.): Wie kommt die Ökologie zu ihren Gegenständen. Frankfurt a.M.: Peter Lang, S. 87-105.

Hahn, D. (1999): Strategische Unternehmungsführung – Grundkonzept. In: Hahn, D. & Taylor, B. (Hrsg.): Strategische Unternehmungsplanung - strategische Unternehmensführung: Stand und Entwicklungstendenzen. 8 völlig neu bearb. u. erw. Aufl., Heidelberg: Springer Verlag, S. 28-50.

Harvey, J.B. (1988): The Abilene Paradox: The Management of Agreement. Erreichbar unter: http://www.xecu.net/schaller/management/abilene.pdf, Stand: 01.12.2011.

Hasenclever, W.-D. (1987): Gedanken zur Konzeption einer ökologischen Pädagogik In: Becker, E. & Ruppert, W. (Hrsg,): Ökologische Pädagogik. Pädagogische Ökologie. Frankfurt a.M.: Verlag für Interkulturelle Kommunikation, S. 91-102.

Hasenmüller, M.-P. (2013): Herausforderungen im Nachhaltigkeitsmanagement. Wiesbaden: Springer Fachmedien Verlag.

Heijden, K. van der/Bradfield, R./Burt, G./Cairns, G. & Wright, G. (2002): The sixth sense : accelerating organisational learning with scenarios. Chichester: Wiley.

Henman, J. O. (2003): Who's Really Driving Your Bus. St. Victoria: Trafford Publishing.

Henze, C. (1998): Ökologische Weiterbildung in Nordrhein-Westfalen: eine empirische Studie zur Programmplanung und Bildungsrealisation an Volkshochschulen. Münster: Waxmann.

Herzog, W. (1991): Das moralische Subjekt: pädagogische Intuition und psychologische Theorie. Bern: Verlag Hans Huber.

Hildebrandt, H. (1986): Kollektive Aneignung von Gesundheit. Zu praktischen Versuchen einer ökologisch-orientierten Gesundheitsförderung. In: Wenzel, E. (Hrsg.): Die Ökologie des Körpers. Frankfurt am Main: Suhrkamp, S. 207-242.

Höfer, R. (2000): Jugend, Gesundheit und Identität. Studien zum Kohärenzgefühl. Wiesbaden: Springer Fachmedien Verlag.

Hofstede, G. (1980): Culture´s Consequences - International Differences in Work-Related Values. Beverly Hills: Sage.

Huber, J. (2011): Allgemeine Umweltsoziologie (2., vollst. überarb. Aufl.). Wiesbaden: VS Verlag.

Huppertz, M. (2009): Achtsamkeit. Befreiung zur Gegenwart: Achtsamkeit, Spiritualität und Vernunft in Psychotherapie und Lebenskunst. Paderborn: Junfermann Verlag.

Huxley, J. (1963): Psychometabolism. In: Psychedelic Review, Jg. 1, H. 2, S. 183-204.

Illouz, E. (2011): Die Errettung der modernen Seele: Therapien, Gefühle und die Kultur der Selbsthilfe. Berlin: Suhrkamp.

Jäger, C. & Bouche, B. (1999): Strukturen und Typen – Ausrichtung der Organisationsstruktur. In: Warnecke, H.-J. & Braun, J. (Hrsg): Vom Fraktal zum Produktionsnetzwerk: Unternehmenskooperationen erfolgreich gestalten. Berlin: Springer-Verlag, S. 93–124.

Jetzkowitz, J. (2010). „Menschheit", „Sozialität" und „Gesellschaft" als Dimensionen der Soziologie. Anregungen aus der Nachhaltigkeitsforschung „Menschheit", „Sozialität" und „Gesellschaft" als Dimensionen der Soziologie. In Albert, G. &

Geshoff, R. & Schützeiche, R. (Hg.). Dimensionen und Konzeptionen von Sozialität. S. 257–268, Wiesbaden: VS Verlag.

John, R. (2013): Alltägliche Nachhaltigkeit. Zur Innovativität von Praktiken. In: Rückert-John, J. (Hrsg.): Soziale Innovation und Nachhaltigkeit: Perspektiven sozialen Wandels. Wiesbaden: Springer VS., S. 103-132.

Jung, S./Petzenhauser, C. & Tuckermann, H. (2000): Im Dialog mit Patienten: Anatomie einer Transformation im Gesundheitswesen. Heidelberg: Verl. für Systemische Forschung im Carl-Auer-Systeme-Verl.

Kabat-Zinn, J. (2010): Im Alltag Ruhe finden. Meditationen für ein gelassenes Leben. München: MensSana.

Kaiser, F.G./Frick, J. & Stoll-Kleemann, S. (2001): Zur Angemessenheit selbstberichteten Verhaltens: Eine Validierungsuntersuchung der Skala Allgemeinen Ökologischen Verhaltens. In: Diagnostica, Jg. 47, H. 2, S. 88-95.

Känel, R. von (2008): Das Burnout-Syndrom: eine medizinische Perspektive. In: PRAXIS, Jg. 97, H. 9, S. 477-487.

Kardorff, E. v. (1985): Zwei Diskurse über die Ordnung des Sozialen - Zum Verhältnis von Eigenrationalisierung und Verwissenschaftlichung am Beispiel von Psychatrie und Soziologie. In: Bonß, W. & Hartmann, H. (Hrsg.): Entzauberte Wissenschaft. Sonderband 3, Soziale Welt, Göttingen: Otto Schwartz & Co., S. 229-255.

Keddi, B. (2011): Wie wir dieselben bleiben: Doing continuity als biopsychosoziale Praxis. Bielefeld: Transcript.

Kets de Vries, M. F. R. (2006): The Leader on the couch: a clinical approach to changing people and organizations (Repr.). Hoboken: Wiley.

Klatetzki, T. (2006): Der Stellenwert des Begriffs „Kognition" im Neo-Institutionalismus. In: Senge, K./Hellmann, K.-U. (Hrsg.): Einführung in den Neo-Institutionalismus. Wiesbaden: Vs Verlag, S. 48-62.

Kleine, A. (2009): Operationalisierung einer Nachhaltigkeitsstrategie: Ökologie, Ökonomie und Soziales integrieren. Wiesbaden: Gabler.

Kluge, S. (2000). Empirisch begründete Typenbildung in der qualitativen Sozialforschung [20 Absätze]. In: Forum Qualitative Sozialforschung. Erreichbar unter: http://qualitative-research.net/fqs. Stand: 13.08.2007.

Kohls, N./ Berzlanovich, A. & Sauer, S. (2013): Achtsamkeit in Organisationen: Vom Stressmanagement über das achtsame Interagieren und Führen zur bewussten Gestaltung von Veränderungsprozessen. In: Kersten, W & Wittmann, J. (Hrsg.): Kompetenz,Interdisziplinarität und Komplexität in der Betriebswirtschaftslehre. Wiesbaden: VS Verlag, S. 163-177.

Köpnick, K. (2009): Umweltorientiertes Verhalten von Unternehmen: Entwicklung und Anwendung eines Diagnoseinstruments zum Umweltverhalten von Unternehmen. Münster: LIT.

Kraus, K. (2010): Transformation der Erwachsenenbildung. Work-Life-Balance als Thema der Erwachsenenbildung in gouvernementalitätstheoretischer Perspektive. In: Klingovsky, U./Kossak, P. & Wrana, D. (Hrsg.): Die Sorge um das Lernen. Festschrift für Hermann J. Forneck. Bern: hep Verlag, S. 51-60.

Laing, R. D. (1972): Phänomenologie der Erfahrung. 5. Auflage,Frankfurt a.M.: Suhrkamp Verlag.

Lamnek, S. (1995): Qualitative Sozialforschung. Methoden und Techniken: Band 2. Psychologie Weinheim: Verlags Union.

Langer, E. J. (1989): Mindfulness. Boston: Addison-Wesley.

Längle A. (2011): Angst als Symptom einer inneren Entfremdung. Selbstfindung anhand der Personalen Positionsfindung (PP). In: Existenzanalyse, Jg. 28, H. 1,S. 33 – 36.

Längle, S. (2003): Grundzüge eines existenzanalytischen Verständnisses der Angst. In: Existenzanalyse, Jg. 20, H. 2, S. 57 – 62.

Lauerströer, A. & Rost, J. (2008): Operationalisierung und Messung von Bewertungskompetenz. In: Bormann, I. & de Haan, G. (Hrsg.): Kompetenzen der Bildung für nachhaltige Entwicklung. Operationalisierung, Messung, Rahmenbedingungen, Befunde. Wiesbaden: VS Verlag, S. 89 -102.

Lenz, W. (2011): Wertvolle Bildung: Kritisch - Skeptisch – Sozial. Wien: Löcker Verlag.

Lindemann, H. (2011): Systeme in Bewegung bringen. Veränderung durch gemeinsame Selbstveränderung. In: Arnold, R. (Hrsg.): Veränderung durch Selbstveränderung: Impulse für das Changemanagement. Baltmannsweiler: Schneider Verlag Hohengehren, S. 111–158.

Loew, T./ 'Ankele, K./ Braun, S. & Clausen, J. (2004): Bedeutung der internationalen CSR-Diskussion für Nachhaltigkeit und die sich daraus ergebenden Anforderungen an Unternehmen mit Fokus Berichterstattung, Endbericht, Münster.

Löhmer, C. & Standhardt, R. (2014): MBSR - Die Kunst, das ganze Leben zu umarmen: Einübung in Stressbewältigung durch Achtsamkeit. Klett-Cotta.

Lowen, A. (2010): Bioenergetik für Jeden: das vollständige Übungshandbuch, 15. Auflage, München: Kirchheim.

Luhmann, N. (1994): Funktionen und Folgen formaler Organisation. Berlin: Dünker und Humboldt Verlag.

Luhmann, N. (1997): Die Gesellschaft der Gesellschaft: Bd.1 & 2. Frankfurt am Main: Suhrkamp.

Lüscher, K. (1982): Ökologie und menschliche Entwicklung in soziologischer Sicht – Elemente einer pragmatisch-ökologischen Sozialisationsforschung. In: Vaskovics, L.A. (Hrsg.): Umweltbedingungen familialer Sozialisation. Beträge zur sozialökologischen Sozialisationsforschung. Stuttgart: Ferdinand Enke Verlag, S. 73-95.

Lüscher, K./Fisch, R. & Pape, T. (1985): Die Ökologien von Familien. In: Zeitschrift für Soziologie, Jg. 14, H. 1, S. 13-27.

Mahler, T. (2013): Was jetzt? Wie Sie in Veränderungsprozessen eine authentische Antwort finden. Wiesbaden: Springer Gabler.

Manstetten, R. (2007): Gelassenheit: Selbstwahrnehmung und Achtsamkeit bei Meister Eckhart. In: Anderssen-Reuster, U. (Hrsg.): Achtsamkeit in Psychotherapie und Psychosomatik: Haltung und Methode. Stuttgart: Schattauer Verlag.S. 16-36.

Mayring, P. (1993): Qualitative Inhaltsanalyse: Grundlagen und Techniken. 4. Auflage, Deutscher Studien Verlag, Weinheim.

McGrory, W.W. (1965): Psychometabolism. In: The Journal of Pediatrics, Jg. 67 H, 5, Part 2, S. 894 - 903.

Meier, S. (2002). Ökologische Modernisierung, Umweltmanagement und organisationales Lernen: Eine Analyse organisationaler Lernprozesse beim Aufbau eines Umweltmanagementsystems in Kleinbetrieben der Baubranche. Landesinstitut Sozialforschungstelle Dortmund, Bd. 125, Erreichbar unter: http://www.sfs.tu-dortmund.de/odb/Repository/Publication/Doc/116/beitr125_oekologische_modernisierung.pdf, Stand: 02.07.2015.

Menke, C. (1993). Die Vernunft im Widerstreit. Über den richtigen Umgang mit praktischen Konflikten. Christoph Menke/Martin: Seel (Hrsg.): Zur Verteidigung der Vernunft gegen ihre Liebhaber und Verächter, Frankfurt am Main: Suhrkamp, 197-218.

Mense-Petermann, U. (2002): Kontinuität und Wandel: Zum Erklärungspotenzial institutionalistischer Ansätze in der Transformationsforschung. In: Berliner Journal für Soziologie, Jg. 12, H. 2, S. 227-242.

Michelsen, G./Rode, H./Wendler, M. & Bittner, A. (2013): Außerschulische Bildung für nachhaltige Entwicklung: eine Bestandsaufnahme am Beginn des 21. Jahrhunderts. München: oekom verlag.

Miller, A. (1979): Das Drama des begabten Kindes und die Suche nach dem wahren Selbst. Frankfurt a.M.: Suhrkamp Verlag.

Moeller, M. L. (1986): Die Liebe ist das Kind der Freiheit (21.-25. Tsd.). Reinbek bei Hamburg: Rowohlt.

Negt, O. (1993): Wir brauchen eine zweite gesamtdeutsche Bildungsreform. In: Gewerkschaftliche Monatshefte, Heft 11, S. 657-668. Erreichbar unter: http://195.243.222.33/gmh/main/pdf-files/gmh/1993/1993-11-a-657.pdf, Stand: 02.03.2013.

Neuser, W. (2014): Was ist eine Ethik ohne Subjekt? In: Journal of New Frontiers in Spatial Concepts, Vol. 6, S. 1-11.

Nohl, A.-M./Rosenberg, F. von & Thomsen, S. (2015): Bildung und Lernen im biographischen Kontext. Wiesbaden: Springer Fachmedien.

O´Sullivan, E/ MOrrell, A. & O´Connor, M. (2002): Introduction. In: O´Sullivan, E/ MOrrell, A. & O´Connor, M. (Eds.): Expanding the boundaries of transformative learning. Essays on theory and praxis. New York: Palgrave Press.

Obholzer, A. & Miller, S. (2004): Leadership, followship, and facilitating the creative workplace. In: Huffington, C. & Armstrong, D. (Hrsg): Working Below the Surface: The Emotional Life of Contemporary Organisations (illustrated edition). London: Karnac Books, S. 33-49.

Ott, U. (2010): Meditation für Skeptiker: ein Neurowissenschaftler erklärt den Weg zum Selbst. München: Barth.

Peters, K. (2014): Indirekte Steuerung und interessierte Selbstgefährdung. Abhängig Beschäftigte vor unternehmerischen Herausforderungen. In: Kaudelka, K. & Kilger, G. (Hrsg.): Eigenverantwortlich und leistungsfähig: Das selbständige Individuum in der sich wandelnden Arbeitswelt. Bielefeld: transcript Verlag, S. 31-40.

Pischon, A. (1999): Integrierte Managementsysteme für Qualität, Umweltschutz und Arbeitssicherheit. Berlin: Springer.

Pohl, U. (2005): Ökosystemische Integrationspädagogik in schulischen Kontexten: Ressourcen und Perspektiven in Deutschland und Spanien. Inauguraldissertation zur Erlangung des Grades eines Doktors der Philosophie im Fachbereich Erziehungswissenschaften der Johann Wolfgang-Goethe-Universität zu Frankfurt am Main, Erreichbar unter: http://publikationen.ub.uni-frankfurt.de/opus4/frontdoor/deliver/index/docId/2680/file/Pohl_Ursula.pdf, Stand: 14.08.2014.

Prescher, T. (2014): Führungskräfte als Schnittstellen individuellen und organisationalen Nachhaltigkeits-Lernens in KMU. In: Weber, S.M./Göhlich, M./Schrör, A. & Scharz, J. (Hrsg.): Organisation und das Neue. Beiträge der Kommission Organisationspädagogik. Wiesbaden: VS Verlag, S. 363–373.

Prescher, T. (2015): Das Selbst in der Ökologie: Dialoginterviews und Programmanalyse zur nachhaltigkeitsorientierten (Selbst-)

Transformation in Organisationen. In: Leal, W. (Hrsg.): Forschung für Nachhaltigkeit an deutschen Hochschulen. Berlin: Springer, S. 73-96.

Radatz, S. (2011): Wie Organisationen das Lernen lernen: Entwurf eines epistemologischen Theoriemodells „organisationalen" Lernens aus relationaler Sicht. Baltmannsweiler: Schneider-Verlag Hohengehren.

Rauch, F./Steiner, R. & Streissler, A. (2008): Kompetenzen für Bildung für nachhaltige Entwicklung von Lehrpersonen: Entwurf für ein Rahmenkonzept. In: Bormann, I. & de Haan, G. (Hrsg.): Kompetenzen der Bildung für nachhaltige Entwicklung. Operationalisierung, Messung, Rahmenbedingungen, Befunde. Wiesbaden: VS Verlag, S. 141-157.

Resch, F. & Westhoff, K. (2006): Wie weit trägt das biopsychosoziale Modell des Menschen in der Psychotherapie? In: Psychotherapie Forum. Jg. 14, H. 4, S. 186–192.

Rieckmann, M. (2010): Die globale Perspektive der Bildung für eine nachhaltige Entwicklung: eine europäisch-lateinamerikanische Studie zu Schlüsselkompetenzen für Denken und Handeln in der Weltgesellschaft. Berlin: BWV Berliner Wissenschaftsverlag.

Riemann, F. (2008): Die Fähigkeit zu lieben (8. Aufl.). München: Reinhardt.

Ries, H.A. (1982): Fünf Forderungen zur Konzeptualisierung familiärer Umwelt aus Sicht ökologischer Sozialisationsforschung. In: Vaskovics, L.A. (Hrsg.): Umweltbedingungen familialer Sozialisation. Beträge zur sozialökologischen Sozialisationsforschung. Stuttgart: Ferdinand Enke Verlag, S. 96-119.

Rink, D. & Wächter, M. (2004). Vorwort. In Rink, D. & Wächter, M. (Hg.). Naturverständnisse in der Nachhaltigkeitsforschung. S. 7 – 10, Frankfurt: Campus.

Rink, D./Wächter, M. & Potthast, T. (2004): Naturverständnisse in der Nachhaltigkeitsdebatte: Grundlagen, Ambivalenzen und normative Implikationen. In: Rink, D. & Wächter, M. (Hrsg.): Naturverständnisse in der Nachhaltigkeitsforschung. Frankfurt: Campus, S. 11-34.

Rosa, H. (2012): Weltbeziehungen im Zeitalter der Beschleunigung: Umrisse einer neuen Gesellschaftskritik. Berlin: Suhrkamp.

Sauer, S., Andert, K., Kohls, N., & Müller, F. (2011): Mindful Leadership: Sind achtsame Führungskräfte leistungsfähigere Führungskräfte? In: Gruppendynamik und Organisationsberatung, Jg. 42, H. 4, S. 339-349.

Scharmer, C.O. (2009): Theorie U - Von der Zukunft her führen. Carl Auer Verlag, Heidelberg.

Schilling, J. (2001): Wovon sprechen Führungskräfte, wenn sie über Führung sprechen? Eine Analyse subjektiver Führungstheorien. Hamburg: Verlag Dr. Kovac.

Schimank, U. (2010): Die funktional differenzierte kapitalistische Gesellschaft als Organisationsgesellschaft – eine theoretische Skizze. In: M. Endreß & T. Matys (Hrsg.): Die Ökonomie der Organisation – die Organisation der Ökonomie. VS Verlag für Sozialwissenschaften. S. 33–61.

Schirmer, F. (2000): Reorganisationsmanagement: Interessenkonflikte, Koalitionen des Wandels und Reorganisationserfolg. Deutscher Universitäts-Verlag, Wiesbaden.

Schmidt, S. (2014): Take Care. Achtsamkeit in Gesundheitsberufen. Wiesbaden: Springer Medizin Verlag.

Schmied, G. (2007): Das Rätsel Mensch: Antworten der Soziologie. Opladen: Barbara Budrich.

Schnetzer, R. (2014): Achtsame Unternehmensführung. Plädoyer für ein sofortiges Umdenken im Management. Wiesbaden: Springer Gabler.

Schüßler, I. (2007): Nachhaltigkeit in der Weiterbildung: theoretische und empirische Analysen zum nachhaltigen Lernen von Erwachsenen. Baltmannsweiler: Schneider Hohengehren.

Senge, K. (2006): Zum Begriff Institution im Neo-Institutionalismus. In: Senge, K./Hellmann, K.-U. (Hrsg.): Einführung in den Neo-Institutionalismus. Wiesbaden: Vs Verlag, S. 35-47.

Senge, K. (2011): Das Neue am Neo-Institutionalismus: Der Neo-Institutionalismus im Kontext der Organisationswissenschaft. Wiesbaden: Vs Verlag.

Senge, P/Scharmer, C.O./Jaworsky, J. & Flowers, B.S. (2005): Presence. Exploring Profound Change in People, Organizations and Society. London: Crown Business.

Senge, P. M./Smith, B./ Kruschwitz, N./Laur, J. & Schley, S. (2011): Die notwendige Revolution: wie Individuen und Organisationen zusammenarbeiten, um eine nachhaltige Welt zu schaffen. Heidelberg: Carl-Auer-Verlag.

Siebenhüner, B. & Arnold, M. (2006): Organisationales Lernen zur Realisierung nachhaltiger Innovationen. In: Pfriem, R./Antes, R./Fichter, K./Müller, M./Paech, N./Seuring, S. & Siebenhüner, B. (Hrsg.): Innovationen für eine nachhaltige Entwicklung. Wiesbaden: Dt. Universitätsverlag. S. 319-336.

Siefkes, D. (1992): Formale Methoden und kleine Systeme. Braunschweig: Vieweg.

Siegel, D. J. (2007): Das achtsame Gehirn. Freiamt im Schwarzwald: Arbor-Verl.

Simon, F. B./Clement, U. & Stierlin, H. (1999): Die Sprache der Familientherapie: ein Vokabular; kritischer Überblick und Integration systemtherapeutischer Begriffe, Konzepte und Methoden (5., völlig überarb. u. erw. Aufl.). Stuttgart: Klett-Cotta.

Sloterdijk, P. (2009): Du mußt dein Leben ändern: Über Anthropotechnik. Frankfurt a.M.: Suhrkamp Insel Bücher.

Stahl, H. K. (2000): Die Bedeutung des mittleren Managements für den Aufbau organisationaler Kompetenzen. In: P. Hammann & J. Freiling (Hrsg.): Die Ressourcen- und Kompetenzperspektive des Strategischen Managements. Strategisches Kompetenz-Management. Deutscher Universitätsverlag. S. 411–437.

Stein, E. (1991): Einführung in die Philosophie. Freiburg: Herder Verlag.

Steiner, R. (2009): Das integrale Ich: der Egoismus in der Philosophie. Dornach, CH: Rudolf-Steiner-Verl.

Stengel, M. (1999): Ökologische Psychologie. München: Oldenbourg.

Stichweh, R. (2005): Wissen und die Professionen in einer Organisationsgesellschaft. In: T. Klatetzki & V. Tacke (Hrsg.): Organisation und Profession. Organisation und Gesellschaft. VS Verlag für Sozialwissenschaften. S. 31–44.

Stieß, I. & Hayn, D. (2006): Alltag. In: Becker, E. & Jahn, T. (Hrsg.): Soziale Ökologie: Grundzüge einer Wissenschaft von den gesellschaftlichen Naturverhältnissen. Frankfurt [u.a.]: Campus Verl., S. 211-223.

Strauss, A.L (1994): Grundlagen qualitativer Sozialforschung. München: Wilhelm Fink Verlag.

Strauß, A.L. & Corbin, J.M. (1996): Grounded theory: Grundlagen qualitativer Sozialforschung. Beltz Verlags Union, Weinheim.

Strauss, S. & Mandelbaum, L. (2013): Consuming Yoga, Conserving the Environment: Transcultural Discourses on Sustainable Living. In: Hauser, B. (Hrsg.): Yoga Traveling. Bodily Practice in Transcultural Perspective. Heidelberg: Springer, S. 175-200.

Süß, S. (2009): Die Institutionalisierung von Managementkonzepten. Eine strukturationstheoretisch-mikropolitische Perspektive. In: Zeitschrift für Betriebswirtschaft, Jg. 79, S. 187-212.

Tajfel, H. (1982): Gruppenkonflikt und Vorurteil. Entstehung und Funktion sozialer Stereotypen. Bern: Hans Huber Verlag.

Thompson, C. & Jergus, K. (2014): Zwischenraum Kultur „Bildung" aus kulturwissenschaftlicher Sicht. In: F. von Rosenberg & A. Geimer (Hrsg.): Bildung unter Bedingungen kultureller Pluralität. Wiesbaden: Springer Fachmedien Verlag. S. 9 – 26.

Towers, J. & Kohler, M. (2008): Ökologie und Design. In Erlhoff, M. & Marshall, E. (Hrsg.). Board of International Research in Design. Birkhäuser Verlag, S. 297–299.

Troger, H. (2016): 7 Erfolgsfaktoren für wirksames Personalmanagement. Wiesbaden: Springer Fachmedien.

Trungpa, C. (2011): Spirituellen Materialismus durchschneiden. Stuttgart: Theseus-Verlag.

Varela, F. & Thompson, E. (1992): Der Mittlere Weg der Erkenntnis. Die Beziehung von Ich und Welt in der Kognitionswissenschaft – der Brückenschlag zwischen wissenschaftlicher Theorie und menschlicher Erfahrung. Bern: Scherz Verlag.

Vaskovics, L.A. (1982): Sozialökologische Einflussfaktoren familialer Sozialisation. In: Vaskovics, L.A. (Hrsg.): Umweltbedingungen familialer Sozialisation. Beträge zur sozialökologischen Sozialisationsforschung. Stuttgart: Ferdinand Enke Verlag, S. 1-24.

Vogus, T. & Sutcliffe, K.M. (2012): Organizational Mindfulness and Mindful Organizing: A Reconciliation and Path Forward. In: Academy of Management Learning & Education, Jg. 11, H. 4, S. 722–735.

VPA (2015): Verhaltens-Präferenz-Analyse© VPA©. Erreichbar unter: http://www.mcg-fasch.de/kommunikation/vpa-verhaltens-praeferenz-analyse.html, Stand: 12.01.2016.

Wagner, A.C. (2007): Achtsamkeit und die Auflösung von Konflikten. Die Methode der Introvision. In: Belschner, W./Büssing, A./ Piron, H. & Wienand-Kranz, D. (Hrsg.): Achtsamkeit als Lebensform. Münster: LIT Verlag, S. 175-199.

Wagner, D./ Seisreiner, A. & Surrey, H. (2001): Typologie von Lernkulturen in Unternehmen, QUEM-report, No. 73, Erreichbar unter: https://www.econstor.eu/dspace/bitstream/10419/105468/1/807 100153.pdf, Stand: 22.01.2016.

Walch, S. (2011). Vom Ego zum Selbst. Grundlinien eines spirituellen Menschenbildes. München: O.W. Barth.

Warnecke, H.-J. (1993): Revolution der Unternehmenskultur: Das Fraktale Unternehmen. 2. Auflage, Berlin: Springer-Verlag.

Watkins, K.E./Marsick, V.J. & Faller, P.G. (2012): Transformative Learning in the Workplace. Leading Learning for Self and Organizational Change. In: Taylor, E. W. & Cranton, P. (Hrsg.): The handbook of transformative learning: theory, research, and practice. Hoboken, N.J.: Wiley, S. 373-387.

Weick, K.E. & Sutcliffe, K.M. (2006): Mindfulness and the Quality of Organizational Attention. In: Organization Science. Jg. 17, H. 4, S.. 514 - 524.

Weisker, A. (2005): Powered by Emotion? Affektive Aspekte in der westdeutschen Kernenergiegeschichte zwischen Technikvertrauen und Apokalyseangst In: Brüggemeier, F.-J. & Engels, J.I. (Hrsg.): Natur- und Umweltschutz nach 1945 : Konzepte, Konflikte, Kompetenzen. Frankfurt: Campus-Verl, S. 203-221.

Wernet, A. (2006): Einführung in die Interpretationstechnik der Objektiven Hermeneutik (2. Aufl.). Wiesbaden: VS-Verl. für Sozialwiss.

Wiedemann, P. (1995). Gegenstandsnahe Theoriebildung. In Flick, U. & Kardorff, E. v. & Keupp, H. & Rosenstiel, L. v. & Wolff, S. (Hg.). Handbuch qualitative Sozialforschung: Grundlagen, Konzepte, Methoden und Anwendungen. 2. Auflage, , Weinheim: Beltz, S. 440–445.

Wilcox, B.A./Aguirre, A.A./,Daszak, P./Horwitz, P./Martens, P./Parkes, M./Patz, J.A. & Waltner-Toews, D. (2004). EcoHealth: A Transdisciplinary Imperative for a Sustainable Future. In: EcoHealth Jg. 1, S. 3–5.

Willi, J. (2008): Die Zweierbeziehung: Spannungsursachen, Störungsmuster, Klärungsprozesse, Lösungsmodelle; Analyse des unbewußten Zusammenspiels in Partnerwahl und Paarkonflikt: das Kollusionskonzept (19. Aufl.). Reinbek bei Hamburg: Rowohlt.

Wittpoth, J. (1994): Rahmungen und Spielräume des Selbst: ein Beitrag zur Theorie der Erwachsenensozialisation im Anschluss an George H. Mead und Pierre Bourdieu. Frankfurt am Main: Diesterweg.

Wulf, C. & Zirfas, J. (2007): Performative Pädagogik und performative Bildungstheorien. In: Wulf, C. & Zirfas, J. (Hrsg.): Pädagogik des Performativen. Weinheim: Beltz: S. 7-28.

Zbinden, R. (2012): Führen aus eigener Kraft. Die Entwicklung von Führungspersonen und Managern. Wiesbaden: Springer Verlag.

Zollo, M., Casanova, L., Crilly, D., Hockerts, K., Neergaard, P., Schneider, S. & Tencati, A. (2007). Understanding and responding to societal demands on corporate responsibility (RESPONSE): final report. Island Press. Erreichbar unter: http://www.insead.edu/v1/ibis/response_project/documents/Response_FinalReport.pdf, Stand: 20.01.2014.

12 Abbildungsverzeichnis

13 Anhang

13.1 Gesprächsleitfaden Dialoginterviews nach Scharmer 2013/2014

1. Was ist die Geschichte?
Sie haben am Achtsamkeitstraining der KapalaAcadamy teilgenommen. Was waren Ihre persönlichen Beweggründe?

Was heißt für Sie persönlich Achtsamkeit?

2. Was ist die Erfahrung?
Wie erleben Sie den nachhaltigen Umgang mit sich selbst in Ihrer Tätigkeit, Team, Abteilung, Unternehmen?

Beschreiben Sie Ihre (beste) Teamerfahrung. Wie unterscheidet sie sich von Ihren anderen Teamerfahrungen?

3. Wo kommt die Gefährdung her?
Wer sind die wichtigsten Stakeholder (Interessenvertreter)? Wie beeinflussen diese Ihre Achtsamkeit?

Was sind momentan die drei wichtigsten Herausforderungen?

Warum existieren diese Herausforderungen?

Was sind die größten Blockaden für Ihre Selbstsorge?

4. Welche tieferliegenden Ursachen lassen Gefährdung sowie Balance (persönliche Nachhaltigkeit und Achtsamkeit) entstehen?
Was sind in Ihrer persönlichen Lebensweise und Ihrem Arbeitsalltag die Quellen für Ihre Gefährdungen und Ihren achtsamen Umgang mit sich selbst?

185

5. Wo kommt die Achtsamkeit/Balance her?

Um in Ihrer jetzigen Tätigkeit/Funktion nachhaltig mit sich selbst umgehen zu können, was müssen Sie gehen lassen und was müssen Sie lernen? Welche Fähigkeit müssen Sie entwickeln?

Wie werden Sie sich in Ihrem Team/ Sie Ihr Team weiterentwickeln? Was brauchen Sie von Ihrem Team und was braucht Ihr Team von Ihnen?

6. Was ist der Traum, der Weg nach vorne?

Wie würde ein besseres System, Unternehmen, Abteilung, Team für Sie aussehen (Bezug Nachhaltigkeitsdreieck/nachhaltiges Unternehmen aufgreifen)?

Welche Initiativen, wenn sie implementiert werden würden, hatten die größte Wirkung für Sie? Für das Unternehmen als Ganzes?

Welche Kriterien über Ihren eigenen Erfolg in Bezug auf Ihre Achtsamkeit werden Sie zur Bewertung in 9 bis 12 Monaten heranziehen?

7. Welche konkreten Schritte sind zu gehen?

Wenn Sie nur ein paar Dinge ändern könnten, was würden Sie verändern?

Wenn Sie jetzt über dieses Gespräch nachdenken: Welche wichtige Frage stellt sich Ihnen jetzt, die Sie in Ihre tägliche Arbeit mitnehmen werden? Was wollen Sie konkret anpacken?

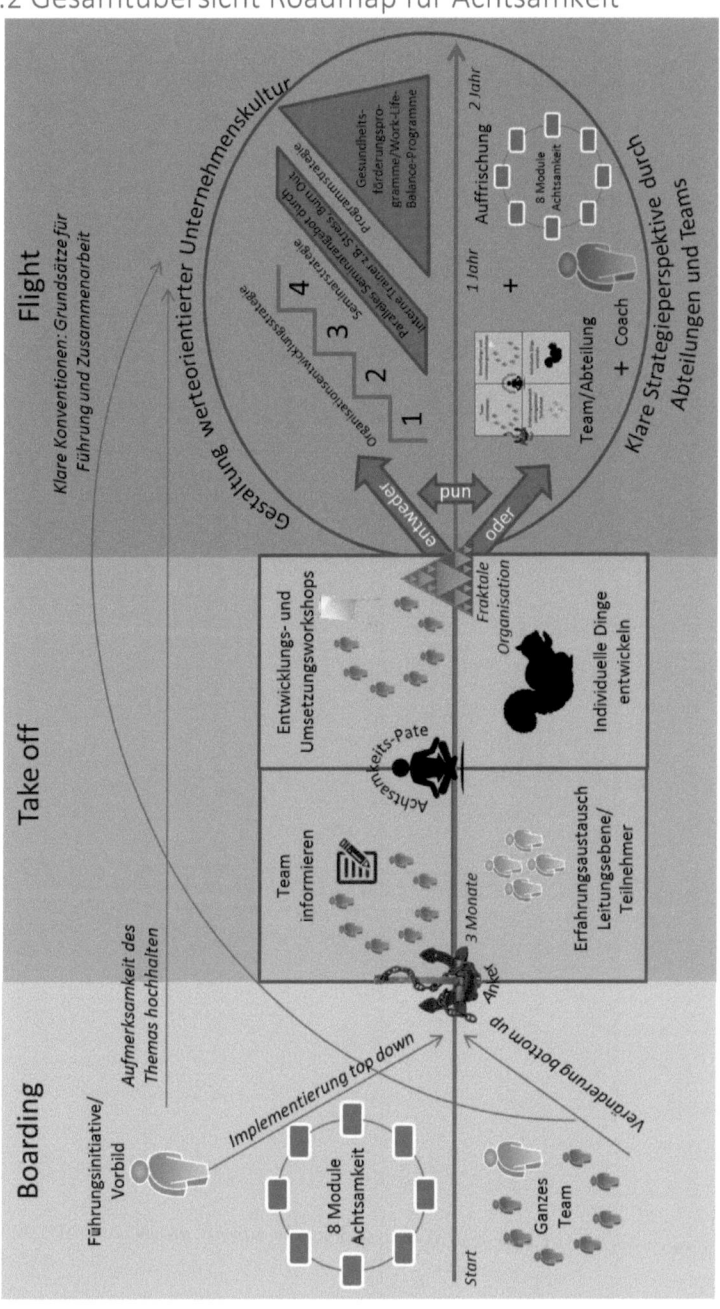